고흐의 사람들

국립중앙도서관 출판예정도서목록(CIP)

고흐의 사람들 : 권혁재 시집 / 권혁재 [지음]. -- [대전] : 지혜, 2016
p. ; cm. -- (지혜사랑 ; 143)

ISBN 979-11-5728-174-9 03810 : ₩9000

한국 현대시[韓國 現代詩]

811.7-KDC6
895.715-DDC23 CIP2016006796

지혜사랑 143

고흐의 사람들

권혁재

지혜

시인의 말

불면의 시대,

불편한 시대에 휩쓸려

당신에게 닿고 말았다

난전에 널린 더러운 사랑이

점차 시대의 귀퉁이를 적시며

혁명처럼 붉게 물들었다.

2016년 봄
권혁재

차례

시인의 말 5

1부

대평리 12
절필絶筆 13
항구 모텔 14
변기가 깨졌다 15
포스트 시론 17
참깨꽃들에게 18
해맞이마트 19
프롬프터 여자 20
요술꽃 21
손톱이 죽다 22
이브가 아닌 이브의 소설 23
낙법 25
쇼케이스 속의 여자 27
누드모델 28
미스 리 햄버거를 먹으며 29
마두금 소리 30
좌측을 잃어버렸다 31
해피마트 32
시작노트를 바꾼 날 33
허밍의 시대 35
알리바이 36
하얼빈에 가고 싶다 37
저속행위금지구역 39
탱자꽃 40

2부

성판악 42
어머니도 여자였다 43
한 찰나, 44
신기료장수는 애인이 많다 45
은적암 46
수양딸 47
바람 목탁 49
어지러운 아침 50
삼우제 51
해국海菊 52
산골散骨 2 53
낮술 54
이사 55
물의 뼈 56
리허설 57
미선나무 앞에서 58
초겨울 새벽 59
붉은 주름 60
갈매못 성지를 떠나며 61
아침 전등사 63
함양 휴게소에서 —양은창 시인에게 64
청룡사 대웅전 기둥 65
해월에 지다 66
타르쵸 67
바람의 사원 68

3부

자목련 카페 70
겨울비 71
그녀를 만났다 72
안궁리 74
겨울 공세리 성당 75
광천 교차로 77
은행잎 79
찔레꽃 80
첼리스트 J 82
산벚꽃 83
낮잠 84
아를에서 85
스치다 86
다시 시월애에 들어 87

성불사 돌계단에 앉아 88
외포리 89
환절기 90
뱀딸기 91
인연 92
시집을 읽는 여자 93
천북 여자 94
군산 여자 96
모슬포 여자 97
목계木鷄 98
천안 여자 99

해설 • 차안과 피안의 변증법,
사랑에 이르는 길 • 황치복 102

• 일러두기

한 연이 첫 번째 행에서 시작될 때는 > 로 표시합니다.

1부

대평리

중산간 지역에서 스며든 핏물이
화산석을 물들이며 흘러내리다
바다 앞에 와서야 자유가 되었다
흙보다 더 짙은 밤을 타고
산간지대에서 실종된 부락민들의
이름을 부르며 바람이 떠돌아다녔다
집집마다 비목처럼 심은 나무에서
붉은 열매가 대책 없이 달렸고
둑과 밭에서 피는 꽃들도
죄다 붉은 빛으로 얼굴을 물들였다
살아남은 자들이 소지를 올리며
살아남은 죄의식으로 꽃을
부적처럼 가꾸는 곳
햇볕에 달궈진 억만 시간들을
해풍에 날려 보내 놓고
꽃을 낳은 여자들이 스스로
탯줄을 자르는 대평리
화순해변에서 일어선 금빛바람도
안덕계곡을 넘어 목례를 하며 지나갔다.

절필絶筆

어쩐지 당신과의 이별이
멀지 않을 것 같아
세상에게 사직서를 먼저 던지고
골이 깊은 산속으로 들어가
무노동무임금의 백수가 된 날
산바람과 산새소리로
끼니를 때워도 보고
고독한 자의 말을 골수에 새기며
당신에 대해 다시 생각도 해 볼 것이다
목구멍을 타고 오르는
변명이나 결백도 단지를 하듯
비정하게 당신과의 인연을
초심으로 되돌리는 어둑한 밤
한데서 우는 소쩍새도 사연이 많은 듯
머리맡에 재여 둔 시집을
목이 쉬도록 밤새워 읊어댄다
소쩍새의 울음 한 마디, 한 마디가
핏빛이 도는 당신의 가슴에
빗장을 모질게 건다
당신이 서럽게 울고 서 있어도
어쩐지 견고한 침묵만이
의식 없는 식물인간의 시간으로
오래도록 지나간다.

항구 모텔

낮동안의 그리움을 낚다
먼 바다로부터 지쳐 돌아온
항구의 어판장
아직도 식지 않은 심해의 사랑이
거친 몸짓으로 파다닥거린다
한 생을 사는 동안
많은 사랑이 시들해지고
많은 사람들 또한 야속하게
바람처럼 스쳐간 항구 모텔
사랑도 그립고 사람도 그립지만
제일 견디기 어려운 것은
밤마다 창가에 연서를 써놓고
돌아가는 등대의 외로운 불빛
등대의 불빛이 돌때마다
바람과 동침한 사내의 그림자가
모텔을 쓸쓸히 빠져나간다
바다로 돌아가는 사내의 등이
파도처럼 굽어보이는
어둡고 비릿한 골목길
긴 적막 속에, 묵은 여비를 탈탈 털어
나도 항구 모텔에 들어
사내가 흘리고 간 사랑을 더듬으며
밤바다하고 짠한 연애를 하고 싶다.

변기가 깨졌다

하루 집을 비운 사이
변기가 깨졌다
누구의 마지막 오줌발이
숨통을 조였는지
핏발이 담쟁이처럼 서 있었다
혹은 물속에 뱉어 놓은
박종철의 아득한 절망을
기억하고 있는 파동이
아직도 메아리로 전해져
하루 만에 닿았는지
깨진 변기가 하얗게 날이 섰다
변기 안의 고요한 수면과
금이 간 평평한 질서가
부재중 알리바이를 대신하듯
가끔씩 방울져 떨어졌다
세상의 온갖 치부와 하소연을
배설물에 섞어 보냈을 변기
그런 변기가 깨졌다
저도 감당하기 어려운 울화가 있는지
밤마다 조금씩 적요를 가장해
혀를 깨물고 신음을 삼켰으리라
깨진 변기에서 썩기 시작한 체액이

질질 떨어져 거머리처럼 기어갔다
자파로 위장한 변기가 깨졌다
세상의 평등과 질서가 깨졌다.

포스트 시론

시를 덮고 자다가
답답한 기운에
나도 모르게 걷어차
오래도록 맨몸을 내놓고
선잠으로 뒤척였다
꿈결인 듯 잠시
그가 걸어와
여전히 쉰 목소리로
시가 좋아졌다,
시가 좋아졌다하면서
사라지는 그의 뒤로
간헐적으로 숨 가쁘게
들려오는 신음소리
체증 같은 가위눌림에
시를 걷어내고
방문을 열어젖히니
대숲에 걸린 시들이
벌겋게 타고 있었다
초승달도 태울 듯이
활활 타오르고 있었다.

참깨꽃들에게

우리 이제 부끄러워하지 말자
더 이상 부끄러워하며
고개를 바닥으로 숙이지 말자
우리는 한낱 좁쌀만한 씨앗에도
서로를 낯 뜨겁게 붙들고
바람처럼 지나가고
비처럼 지나오기도 하였다
저 건너편 어느 밭에서는
우리보다 큰 씨앗을 품었던
엉터리꽃과 잡초들이 되려
고개를 빳빳이 쳐들고
물러터진 세상을 흔들어댔다는데,
우리 이제 더 이상 부끄러워하지 말자
잘 생긴 뽀얀 얼굴을
땅바닥으로 숙이지도 말자.

해맞이마트

시간이 남아돌면
바닷가 끝머리에 있는
마트에 들러 해도 좀 사지요
바다 위로 붉게 뛰쳐오르는
거대한 물고기 같은,
불새의 날갯짓 같은,
수평선에서 벌린 입이
붉은 범선인 듯
항해를 해나가는
그 싱싱한 힘을 가진
해를 가득 사지요
파시까지 팔지 못한 한숨은
봉돌로 묶어 바다밑바닥에
비밀처럼 가라앉혀두고
파랑에 새겨진 뭇시간을
낚아 올린 어부들이 바다에서
돌아오는 선착장
멀리 해맞이마트 간판에 걸린
낮달이
고단한 인사를 하지요
어쩌다 인심이 남아돌아도
안주인까지 나와
안부를 묻는 해맞이마트.

프롬프터 여자

무대 뒤 장막 속
관객들이 눈치를 못채게
주연배우의 동선을
보디가드처럼 따라다니지
남들이야 스태프 중 한 명이라고
신경조차 쓰지 않는 방백의 대사로
흩어지는 무대 너머의 무대에
숨은 제 삼의 배우
의식 없는 목소리에 가식된 연기로
대사를 읽어 내려가는 가련한 배우
거짓 찬사들이 무대에 쌓일수록
철없는 관객들은 프롬프터의
얼굴만 웃으며 쳐다보지
어쩌다 행간의 대사가 뒤바뀌어도
낮은 목소리로 귀엣말을 해주는
시녀들이 많기도 하지
제 SCENE을 찾아 제 목소리를,
떳떳하게 내지 못하고 무대 뒤에 숨은
프롬프터의 여자
그 여자가 장막 속에 있지.

요술꽃

이제 당신을 위해
옷을 벗을 시간
다행히 집에는 아무도 없네요
비상등같이 마냥 피어 있는
아득한 꽃의, 노란 음부가
열리기만을 기다려요
당신이 한눈을 파는 사이에
질투심만 잔뜩 키운 가시들이
목덜미를 속속 찔러대요
정오만 되면
꽃이면서 꽃이 아닌 꽃으로
꽃이 아니면서 꽃인 꽃으로
당신을 위해 옷을 벗지요
그러나 당신은 늘 없지요
노란 알몸을 보지 못하는 곳에
당신은 있지요
요술 같은 세상이고
요술 같은 시간이지요
당신을 위해 옷을 벗어도
당신도 없고 나도 없지요
꽃 한 송이인 당신만 그저 있지요.

손톱이 죽다

문틈에 찧은 검지 손톱이
봉선화물 들듯 시간이 갈수록
검붉게 독이 단단히 오른다
검지 주위로 번진 피멍이
손톱을 들추고 검은 낙점을
문신처럼 새겨 놓는다
검지를 도려낸 어머니의 대속을
지천명에 이르러서야 감당해내는
서글픈 아픔이 손톱 하나만 죽인다

뒤집힌 배 속에서 출구를 찾아
독한 바닷물을 숨통으로 들이마시며
손톱을 처참하게 죽였을 아이들
손가락에서 터진 핏발이 마지막 유서처럼
푸른바다를 물들이며 번져나간다
아이들을 차마 보내지 못한 부모들이
아이들의 꿈, 미처 하지 못했던 말들을
손톱이 문드러질 것 같은 오체투지로
땡볕을 기어가며 받는 참담한 대속
애틋한 아픔이 땅 속까지 닿는 듯
일어설 때마다 손톱이 하나씩 빠진다.

이브가 아닌 이브의 소설

이브에게도 생리전증후군이 있었을까

원고마감일이 생리로 다가오면
뜨거운 피에 현기증이 나는 듯
뱀의 주술에 사과를 따먹은 듯
알몸으로 드래그를 한 문장을
뻰뻰한 섹스로 붙여 넣는,

사과를 먹은 날부터 시작된 유혹은
이브가 아닌 이브의 소설을
마른 혀로 핥아대다가
낯선, 교성이나 은유로 위장해
허물을 벗지 않은 날이 없었지

원고마감일이 생리로 다가오면
몸을 핥고 간 많은 문장이 떠올라
쇼핑을 하듯 신간 책자를 뒤적거려
긁어모은 명문들을 퍼즐처럼 끼워 넣었지

갈피에 짓눌린 베껴 쓴 문장이
오랜 잠에서 기지개를 켤수록
원작의 주인공을 펜으로 눌러 죽이며

빼라같이 불안하게 쓴 소설

이브는 평생 월경을 하지 않았지.

낙법

늦게 배운 낙법 때문에
고층아파트에서 뛰어내린
그가 죽었다
벼랑까지 와서야 깨달은
골병들지 않게 잘 떨어지는 법,
뒤통수 맞지 않게 잘 넘어지는 법,

오르는 것만 알던 그가
상승기류만 즐기던 그가
아파트 꼭대기 난간에서
지상으로 낙법을 하며 던진
외침은 무엇이었을까

어떤 역풍에도 버틸 수 있는
손가락 마디마디의 완충력
어떤 외풍에도 뻔뻔하게
고개를 더 쳐드는 복원력

때론 늦게 배운 낙법이
한번쯤은 낙하산같이 펴질 것 같아
허공으로부터 낙하하고 싶은 날
늦게 터득한 낙법 때문에

고층아파트에서 뛰어내린
그가, 어린 새처럼 죽었다.

쇼케이스 속의 여자

그녀가 먼저 웃었다
단발머리 바비인형 같은 그녀가
그녀가 먼저 웃었다
킬힐에 다리가 길어 보이는 그녀가
그녀가 먼저 웃었다
손만 대면 풀어질 것 같은 붉은 옷의 그녀가
그녀가 먼저 웃었다
손짓에 절실함을 섞어 던진 그녀가
그러나 나는 웃지 않았다
다리가 후둘거리고 얼굴이 붉어지며
잘 조작된 그녀의 웃음에
겁이 불륜처럼 밀려왔다
짧은 길목이 십리 길 같이
더디고 더딘 쇼케이스 앞
그녀는 여전히 웃었지만
나도 여전히 웃지 않았다
인스턴트 웃음으로
간을 맞추기 어려운 그녀가
쇼케이스 속에서 붉게 웃었다.

누드모델

옷을 벗은 나비가
날다 앉다를 반복한다
앉은듯하다 다시 날고
나는듯하다 다시 앉는다
나비의 춤사위에 음영이 진
그림자들도 부스스 사그라진다
아슬한 숨결에 날린 깃털이
허공을 휘휘 가르며
먹빛으로 번지는 캔버스
나비의 율동을 좇아
크로키의 선들이 곡선을 탄다
붓끝에 점으로 밟히는
나비의 날개가 파랗다
깃털이 예고도 없이 선회를 하며
무명자락 한 필을 적신다
옷을 벗은 나비가
젖은 무명을 물어다 자궁 같은
고치를 친다
태아의 몸짓으로 양수를 친다.

미스 리 햄버거를 먹으며

송탄 미군부대 정문 앞에서
미스 리 햄버거를 먹으며
한 끼를 때우는 다 된 저녁
드나드는 미군과 이방인 사이로
미스 리 햄버거를 스쳐간 많은
미스 리들이 반달처럼 떠오른다
햄버거를 먹기 위해
몸을 팔고 웃음을 팔은
미스 리들,
양담배, 양주, 양색시 소리에
빠다 같은 찐득한 세월이
가랑이와 가랑이를 타고 넘어
대를 이어온 미스 리들,
햄버거를 베어 물때마다
미스 리들의 신음이 터져 나와
입가에 밥알처럼 달라붙는다
햄버거를 먹을 생각에 들떠
몇 번이나 달러지폐를 만지작거렸을
미스 리들,
골백번의 끼니 앞에 한 끼의 호사가
목이 메는 추운 늦가을 저녁나절
사라진 미스 리들의 안부가 궁금하다.

마두금 소리

대평원의 바람으로 머리를 감는 여인아
말고삐를 죄여 고원을 내달리는
그대의 거친 숨소리가 편자에 밟혀
길이 지워지는 너무도 조용한 아침
말머리를 자주 동쪽으로 돌렸는지
말의 울음소리가 가끔 끊겨서 들렸다
갓 눈을 뜨거나 잠에서 깬 조랑말들이
어미의 울음을 좇아 모여드는 우리 안
어제 베어놓은 풀잎에도 이슬이 내렸는지
그대의 축축한 목소리가 뜬내로 배어나왔다
대평원에서 마두금을 켜는 여인아
그대는 한 필의 말을 타고 별빛에 홀려
밤새도록 달려 왔을 것이다
어쩌면 정착해야할 목적지를 지나쳐
구릉지를 떠도는 바람도 되었을 것이다
바람 속에서 마두금 소리가 날 때마다
그대의 눈물로 숙성된 마유주냄새가 났다
그대가 떠나보낸 사랑처럼 얼굴을 돌려도
얼룩진 술자국은 잘 지워지지 않았다
그대의 울부짖음이 초원에 파편으로 흩어졌고
배고픈 바람들은 그대가 빚은 젖술을 마셨다
취한 바람들이 말울음으로, 그대처럼
갈기를 세워 울었다.

좌측을 잃어버렸다

차가 달릴수록 우측으로 기운다
일 차로에서 달리던 차는
옆 차선을 침범해 자꾸 이 차선 쪽인
우측으로 기운다
언제부턴가 깨진 좌우의 균형이
차를 우측으로 또 우측으로 달리게 한다
세상의 인심도 우측으로 돌아섰는지
길도 우측으로 내려앉았는지,
멀쩡한 차가 자꾸 우측으로 기운다
우측통행을 하면서부터
좌측을 잃어버린 길
길이 우측으로 기울 때마다
좌측에 매달린 사람들이 출렁인다
좌측에 있던 사람들이 아우성을 지른다
달리는 차마저 길을 잃었는지
불안하게 차선을 들락거린다
우측으로 달리는 차에 몸을 얹고
간당간당하게 중앙선을 건너는
좌측을 잃어버린 사람들,
차가 달릴수록 우측으로 기운다.

해피마트

철야를 마친 야간조가
아침 가게 문을 가볍게 두드린다
철야를 들어가는 다른 야간조가
저녁 가게 문을 무겁게 연다

막걸리 한잔들 받아놓고
참새처럼 떼 지어 둘러앉아
사소한 것에도 목청을 높이는
해피마트의 객식구들

이주노동자의 어색한 눈빛도
비정규직의 불안한 강변도
해피마트에서 대작을 하는 사이
주간조와 야근조의 진내가 섞여
마음이 붕붕거려 해피해지는,

언덕 위 해피마트에서
라면박스만한 자본의 공장을 내려다보면
기계소리에 환청이 박힌 사람들이
술냄새로 되돌아와 해피해지는,

주간조와 야간조가 막걸리 한잔씩으로
근태카드를 찍는 해피마트.

시작노트를 바꾼 날

시작詩作노트를 바꾼 날
강의 도중에 대놓고
떠드는 여학생 둘을
정중하게 퇴실시켰다
시의 새로운 입맛이 달아나고
세대 차이를 탓하기엔
알 수 없는 분노가 치밀었다
들뜬 시작의 첫날에
더러운 인내를 참지 못하고
욕설을 내뱉게 하는 지성을 가장한
거짓 담론이 졸고 있는 강의실
학점 따기에만 눈이 뒤집혀
불의고 공분이고 개코도 모르는
나약한 자본의 추종자들,
불투명한 시작의 앞날같이
학생들이 베껴 써대는 리포트가
세상을 더 불투명하게 하였다
시작노트를 바꾼 날
볕 좋은 가을날이 상가처럼 어두운
강의실의 창턱에서 조문을 하고
혀를 차며 돌아갔다
시작노트를 바꾸고 처음으로

쓴시,
학생부군신위.

허밍의 시대

한숨만 떠도는 법정
여기저기 음계가 다른 탄식들이
리듬을 타고 방청석에서
분노의 건반 위를 딛는 듯
숨결들이 거칠고 불안하다
목젖에 잠긴 박자들이
입 속에 갇힌 욕설들이,
비강을 맴돌다 터지는 소리
정리해고로 노동자에게
극형을 내리는 순간에도
한숨의 희망은 절망으로
도돌이표로 돌아가
모두가 마른 울음으로
컥컥거리는 슬픈 허밍
각기 다른 음계들이
일시에 박자를 맞추는
본능의 숨결,
잔인한 하모니가 법정에
털썩 주저앉아 내린다
기막힌 소리가 내려앉는다.

알리바이

차라리 안개 속에서
길을 헤매었다 하지
안개가 걷히는 시간 동안
어쩔 수 없이 골든타임을
허비한 채 발이 묶였다 하지
아이들이 손톱이 빠지도록
철판을 긁어대며 사경에 들 때도
분명, 시간은 침몰하는 배처럼
급박하게 잠기고 있었으나
목숨은, 아우성들은 7시간 만에
싱크홀 같이 사라지고 말았지
안개 탓만 하는 어른들의
더럽고 무책임한 말들이
아이들의 웃는 영정 앞에서
뱀처럼 허물을 벗는 조문만 할 뿐,
안개가 없는데도 늘 안개에
갇혀있는 안개의 시대
차라리 안개 속에서
길을 잃었다 하지
풍문만 안개 속에서 떠돌다
아이들의 맑은 주검만 수장시킨
무정부 같이 의뭉한 알리바이.

하얼빈에 가고 싶다

그녀가 뱉은 입김이
북천을 향해 날아갔다
그리다만 북국의 지도가 얼어붙고
그녀의 손가락에서는
고드름이 뚝뚝 부러졌다
숨을 내쉴 때마다
굴뚝같은 총구에서
화약 냄새가 번져 나왔다
플랫폼을 포위하듯
일직선으로 날아다녔던
날카로운 호루라기 소리
그녀의 가슴에서는 가끔
북풍이 불어 나와
하얼빈의 안부를 전해주었다
몸은 몹시 차가웠지만
손이 따듯했던 그녀
투사가 숨어있던 역사驛舍를
몇 번이나 지나쳤을
그녀의 발걸음에 밟힌
총소리가 싸늘하게 들려왔다
그녀의 입에서 기적汽笛이 울리면
하얼빈에 가고 싶었다,

아직도 총열의 뜨거운 열기가
가슴에 인장印章처럼 지져대는 하얼빈으로.

저속행위금지구역

고속의 길들이 끝나는 곳
고속 같은 인간의 사랑과 삶도
저속으로 돌아가는 곳
해안 비포장도로에서 바다는
철썩이며 고속행위를 슬며시 단속한다
매화꽃이 지고 열매가 맺기 전까지는
누구도 고속행위를 할 수 없는 곳
바람도 먼 길을 돌아서 다니고
보름달도 눈치 없이 뜨지 않는 곳,
가끔 저속의 대가로
눈과 귀를 막은 오디가
차의 지붕으로 검게 떨어져 내린다
오디에 물든 차량이 범칙금을 받은 것처럼
투덜대며 저속으로 지나갈수록
차가 밤공기를 가르며 들썩거린다
인간의 삶과 사랑이 너무 빨라서
저속행위가 용인되는 곳
그러나 저속으로 가면 콧대가 높은
박양의 은밀한 부위가 보일 것 같아
해풍이 플래카드를 팔랑거리며 가려주는
저속행위금지구역.

탱자꽃

아직도
칼끝이 남아 있는지
손을 밀어 넣을수록
넣는 만큼 자꾸
손끝이 따갑다
달빛에 벼린
차디찬 비수
광목 옷고름 속에
몰래 매달고
하얗게 웃고 있어도
가슴은 늘 가시덤불
칼날이 여전히 살아 있는지
한 발 다가설수록 닿는 만큼
또다시 멀어진다
바람에 몸을 돌려
은장도 냄새를 풍기는 꽃
오늘밤도 이슬로
무딘 날을 벼린다.

2부

성판악

성채 같은 오름이 사람의 얼굴로

사람 마음마저 닮고 싶은지

고사목이 우는 소리를

조천쪽 민가에 내려 보내네

죽은 구상나무 천년 순결도

백록의 이마에 얹어 내려 보내네.

어머니도 여자였다

어머니가 폐경을 하면서부터
꽃나무와 화분이 하나씩 늘기 시작했다
앞마당의 모란, 작약, 동백나무와
거실의 글라디올러스, 장군난 같은 구근들
주로 생리혈빛을 띄는 붉은꽃들이었다
몸이 거부한 본능을 유전적 층위에 따라
빨주노초파남보 순으로 배열한 어머니
오래전 빛바랜 개짐들이
붉은 생화로 피어나는 어머니의 속옷
꽃무늬 만발한 옷들이 빨랫줄 위에서
농익은 밀담을 주고받으며 수줍게 날리면
어머니의 자궁은 조금씩 문을 열어
양수를 흘려보냈을 것이다
구근의 크기만큼 화분에 들어찬 장군난
화분의 자궁이 산통을 할 때마다
하혈을 하는 붉은꽃들
꽃향기에 취해 잠이 든 이튿날이면
어머니는 잠자리에서 개짐의 꽃을 땄다
아직도 생리를 하는 어머니
어머니도 여자였다.

한 찰나,

수덕사 입구 간선도로변
간이주차장에서 비를 맞다가
작동이 멈춘 와이퍼가 양보한
앞 유리창에 사리처럼 촘촘히 붙어있는
물방울그림자를 물끄러미 쳐다본다
언뜻, 도롯가에서 움찔거리는
작은 움직임이 동공으로 들어와
물방울 속으로 느릿느릿 기어가는
개, 구, 리, 한 마리
이쪽의 밭에서 건너편 논으로
만행을 나가려는지
더딘 오체투지가 불안, 불안하다
간선도로를 달리는 차량들이
찰나의 속도로 불경을 뿌리고
휑하니 달아나는 진세의 끝없는 행각
걸음을 옮길 때마다 생명선 같은
노랑 중앙선이 닿을 수 없는 산문山門처럼
삐걱거리며 느슨해 보인다
파란색 트럭이 아, 하는 사이에
찰나를 지우고 사라지자 흰색 승용차가
거듭 한 찰나를 덮치며 사라진다
한 업이 찰나 속으로 무량하게
사라져 버린 수덕사 앞 간선도로.

신기료장수는 애인이 많다

구두를 벗어 맨발을 내놓고
차례를 기다리는 여자들
발냄새가 날 법도 한 맨발과 구두를
외간남자에게 버젓이 내놓는
여자들의 익숙한 몸짓이
애인에게 애교를 떠는 듯 떳떳하다
한번쯤 애인의 손길이 되어
굳은살 박힌 발바닥을 쓰다듬어 달라는지
발가락으로 꼼지작거리며 신호를 보낸다
또 한번쯤은 애인의 발이 되어
그녀가 흘린 눈물자국을 따라
또각또각 좇아가고픈 구두들
만지는 구두마다 땀내가 불불거리는
신기료장수의 집에는 애인이 많다
굽높은 애인부터 굽낮은 애인까지
닳은 굽만큼 사랑을 채워달라는
애인들이 많다
구두를 닦고 신발을 깁어도
늘 지울 수 없는 애인의 발냄새가 난다
신기료장수에게는 향긋한 발냄새가 나는
애인들이 참 많다.

은적암

산 속에 산이 있네
업보 속에 다른 업보가
산같이 또 버티고 있네
번뇌를 끊고 해탈을 쌓는 손들이
찰나로 왔다 찰나로 사라지는
한 생애가, 풍경소리로 아득한
은적암
육두문자로 화두를 뱉는 노스님
몇 해째 병색이 깊었는지
대웅전 담벼락에 기댄 봄볕에
문고리 벗기는 소리조차 들리지 않네
겨울옷을 갈아입지 못한 묵정밭도
빛바랜 가사장삼같이 파리하네
등산객들이 주고받는 궁금한 안부가
산자락에 걸린 구름으로 몰려오면
노스님의 입적을 알리는 듯
는개가 내리네
산 속에 산이 있는 은적암
는개가 울며 내리네.

수양딸

사람이 버린 들고양이를
잘 키우는 여자가 있었다

상수도 저수탱크가 있는
낡은 화장실
그 언덕길 은행나무 아래
작은 생선 토막을 놓고

노을을 반쯤 깨문 여자가
긴 머리카락으로
저녁을 물들이며
바람에 날리고 서 있었다

새끼를 밴 어미 들고양이가
볼록한 배를 땅에 닿을 듯
여자가 내민 손을
혓바닥으로 핥으며 지나가고

여자를 흉내 낸 휘파람소리에
온몸의 털을 세워
낯선 발자국을 할퀴어 놓은

>

초경이 시작된 들고양이는
화장실 지붕에 뛰어올라가
초승달을 깨물었다

놀란 달이
은행나무 언덕길을 내려가는
여자의 발길에 걸려
계집아이 울음을 토해냈다.

바람 목탁

성불사 스님의 독경을
박새가 물어다 얹은 느티나무

바람이 산문을 밀 때마다
맞닿은 가지들끼리 부딪쳐
목탁소리를 낸다

하안거 중인 딱따구리도
가끔씩 법문을 쪼아대는지
산메아리로 화답한다

군살 부푼 가지에
바람이 불공을 올리며
깎아낸 경전 한 구절

바람이 친 목탁의 빛으로
가지와 가지가 합장을 하면
참선으로 가는 길인 듯
가부좌로 앉은 노스님의 정강이뼈에서
사리 구르는 소리가 야단법석이다.

어지러운 아침

맞은 편 횡단보도에서
신호를 기다리는 여학생이
빵을 뜯어 먹는다
눈길이 마주칠 때마다
얼굴을 돌리는 그녀의 몸짓이
아침을 어지럽게 한다
눈동자가 신호등처럼 불안하게 깜박이고
손은 줄어드는 빵조각에서
빈 손짓을 하며 더듬거린다
찢어진 빵부스러기들이
바람에 지는 벚꽃처럼 떨어져
그녀의 숙성되지 않은 시간을 덮는다
저주파 같은 한숨이
길바닥 위를 타고 번져가며
아침을 어지럽게 한다
몇 번의 횡단보도를 다시 건너고
어지러움이 차츰 익숙해지면
그녀도 서서히 적응될
아침의 어지럼증.

삼우제

삼일을 굶은 아버지
차려놓은 쌀밥이
저승의 빛깔인 듯 붉다

신새벽 문안과
이승의 곡기를 물리고
황태처럼 차츰 말라갈 아버지

길을 재촉하는 빈 소리가
약삭빠른 고욤나무에게 그대로 들켜
낮빛이 어룽어룽 흔들린다.

한술도 뜨지 않은 아버지
삼일 동안 디딘 아들의 발자국을
흔적도 없이 지운다

이승의 밥맛을 말끔히 지운다.

해국海菊

끊어진 연을 주으러 갔던
아이들이 돌아오지 않았다
파도가 휘돌아 칠 때마다
무너져 내리는 둑 위에서
함초들이 몸을 벌벌 떨었다
함초더미가 가린 폐선 조각들은
해풍에 들썩거리며
아이들의 울음을 막아버렸다
굴바위까지 좇아온 형들의 외침에도
끝끝내 대답 없는 아이들
연이 떨어진 자리에서
꽃이 피기 시작했다
아이들의 작은 손을 닮은 꽃
연을 따라갔던 아이들 대신
해풍에 꽃향기가 섞여왔다
아이들이 울은 시간만큼이나
눈물을 머금은 꽃
연을 주으러 갔던 아이들은
영영 돌아오지 않았다.

산골散骨 2

아버지의 유분을
산등성이에다 모셔 놓고
형과 사골국을 먹는다
북풍은 이미 멎었는데
어느 바람을 타고 좇아왔는지
뚝배기에 가라앉은 아버지
휘휘 저을 때마다
아버지 냄새가 난다
싱거운 듯 형이 눈물로
간을 살짝 친다
수저를 든 나의 손도
바르르 떨며 간을 보탠다
천 근 같은 시간 사이로
희뿌옇게 불어대는 골바람
훌쩍이며 국을 한술 뜬다
간이 잘 맞는 아버지
아버지를 맛있게 먹는다.

낮술

벼이랑을 지름길인 듯
사선으로 휘청거리며
피를 뽑는
아버지의 뒷모습

대작을 받아주는
염천의 논배미가
한숨을 내뱉을 때마다
벼 모가지를 꺾어놓고
바람을 타고 오는 술냄새.

이사

감잎 떨어진 이부자리를
걷어내어도 아버지,
여전히 잠자고만 있네
늦가을 볕이 들어
차가운 바닥 흙을 달구어도
곤한 낮잠을 자는 듯
기침을 할 줄 모르네
해가 중천에 뜨기 전까지
세간 살림을 챙겨
누옥을 비워줘야 하는데
아버지, 빈 몸뚱이 뿐이네
산새가 쪼아 먹다 백골만 남은
빈집을 지킨 아버지
감나무에 걸린 바람이
심장을 후비며 지나갔는지
아버지의 휑한 가슴에서
휘파람소리가 새어 나오네
손을 대면 부서질 것 같은
육탈이 된 가벼운 몸 위로
바짝 마른 감잎이 떨어지네
아버지 여전히 잠만 자고 있네.

물의 뼈

저수지가 바닥을 드러내면서
물결을 잃어버린 물의 뼈가
진흙에 얹혀 있다.
물고기비늘 같은 파랑들이
아직도 출렁거림을 기억하는지
늑골 따라 물자국을 파놓는다
수장이 된 채 껍질을 벗은
하얀 버드나무가 곳곳에서
만장을 들고 서있는 가뭄기
저수지의 물이 줄어들면서
물살은 본능적으로 가물치처럼
진흙을 후벼 파 물의 무덤을
만들었을 것이다
처음 힘겨운 파랑의 힘을
기압이 누르는 속도로 익숙하게
운명처럼 받아들이기도 하였을 것이다
바닥에 모로 박힌 물고기 뼈 사이로
가뭄기에 불어가는 건조한 바람
한차례의 비에도 지느러미를 펄떡거리며
화석 밖으로 나올 것 같은 물의 뼈
갑골문자같이 갈라진 저수지바닥에
물의 형상들이 천축을 향해 기어간다.

리허설

딱 그렇게 살고 싶다
정해진 인생대로
규칙적으로 찾아오는 월급날같이
든든하고 거듭된 SCENE들,

딱 그렇게 살았으면 한다
짜여진 각본대로
수줍은 척 기다린 척하다 하는 첫 키스같이
암전 속으로 떠나보내는 사랑들,

무대 밖 인생들이
무대 아래 어둔 사랑들이
거짓말로 반복되는
초라한 객석 어디에도
당신의 웃음은 없는지
잦은 실수를 하는 무거운 몸짓

눈물이 꽃으로 떨어져 흩어지고
당신 목소리가 재생이 되지 않아도
무대 위 투명인간들이 다져놓은
동선動線대로, 딱 그렇게 살고 싶다
삭제된 분량만큼의 여백으로
딱 그렇게 살았으면 한다.

미선나무 앞에서

미선나무 앞에 서서
봄바람 한 자락을 낚을 무렵
어머니로부터 턱이 빠졌다는
전화가 덜컥 왔다
고통도 중간 중간에 빠졌는지
발음이 덜컥덜컥 건너뛰었다
신음을 삼키는 어머니의 얼굴이
미선나무에 핀 흰꽃같이
부르르 떨며 종소리를 냈다
잎보다 먼저 꽃을 피운
미선나무는 어떤 사연이 있길래
저리도 황홀한 맨몸으로
꽃샘추위를 견디며 서 있는가
생명이란 어머니의 품에 든
낙원 같은 것이어서
턱이 빠지도록 낙원 상실을 망각한 채
동토凍土의 겨울을 견디어왔으리라
미선나무 가지에 하얗게 걸려 있는
어머니의 초췌한 틀니
봄바람에 할 말이 많은 듯
저 혼자 덜컥거리며 나부낀다.

초겨울 새벽

누군가 어둠 속에서

춥게 울었는지

눈물에 젖은 집들이

하나 둘씩 불을 켠다.

붉은 주름

며칠 내다 넌 고추가
태양 볕에 더 말랐는지
붉게 쪼글쪼글하다
풋고추의 탱탱한 탄력은
서서히 육즙을 버린 희나리로,
젊은 기억을 매운 맛으로
지워버린 청상의 세월에
자꾸만 야위어간다
붉게 쪼그라진 고추 위로
고추만큼 검붉게 쪼그라진
손 하나 들어와 그림자를 드리운다
고추를 뒤집는 손길 역시
붉은 주름이 진 채
폭염의 뒤안길에 갈증이 난 듯
갈래갈래 지나온 길처럼 접혀있다
손등을 타고 넘는 고추들이
몸을 뒤집어
손주름을 붉게 물들이는
고추와 고추들의 삶,
한 고추가 다른 한 무리의
야윈 고추를 쓰다듬는 붉은 시간에
고추를 더 검붉게 어루만지는
어머니의 주름 가득한 손.

갈매못 성지를 떠나며

나를 사랑한 당신이었다
내가 사랑한 당신이었다
금강초롱이 종소리를 내며 하늘거리는
십자가 발밑에 서 계신 당신
사랑의 힘으로도 버티기 어려운
먼 고행 길에서 돌아와 잠시 안식하듯
원산도에서 불어오는 해풍에
나를 위해 한없이 기도했을 당신
바다에서 왔다 바다로 돌아가고 싶은
당신의 기도를 베드로는 아는지
이별은 바닷가 모래사장에서 이루어졌다
노을보다 붉은 당신의 눈물이
바다를 물들이고 백사장을 물들였다
모래들이 바람에 휘날릴 때마다
하늘에서 들려오는 당신의 붉은 말씀
해 그림자가 비춘 성당 안 스텐인드글라스에도
나의 모든 소식을 듣고 서 계신 당신
스텐인드글라스의 문을 열면
사랑하는 당신이 바다에 떠있는 듯
순례자의 아미까지 차올라 왔다
낮달이 가시관에 걸리는 초저녁 무렵
주인을 잃은 말들이 갈증에 지친 목소리로

바닷가를 내달리며 바람을 모는 갈매못 성지
나를 사랑한 당신이, 내가 사랑한 당신이
서로가 서로에게 고해성사를 하며
사랑을 배웅하고 또 배웅하였다.

아침 전등사

누군가 나부裸婦를 훔쳐보다
달아나면서 엎질러 놓은
공양미 한 영겁

길바닥에 퍼져 앉아
잠이 덜 깬 동자승에게
젖을 물린다

밤새 대웅전 처마를 이고 있다
새벽길을 떠난 한 인연도
아침 안개비에 젖는다.

함양 휴게소에서

— 양은창 시인에게

조금만 더 가면
엄천강이 흐르면서 잘 닦아놓은
잠시 거쳐 가는 휴게소보다
아늑하고 편안한
아버지의 진이 배인 집이 있지요
지리산 골바람을 타고
간간이 객담이 날 때마다
천왕봉 이마에 얹히는
붉디붉은 낙조
고사목 손끝에서 불기 시작한
저녁 밤공기가 마지막 안부를 묻고
무거운 발걸음을 되돌려서 갔지요
아버지의 폐 같은 뱀사골 자락들이
갈래갈래 산길을 만들어 놓고
독바위 석탑에 앉은 새소리를 들으며
한참 붙이기 별 좋은 날
임시로 거쳐 가는 휴게소가 아닌
제석봉을 넘으면 다른 봉우리가 나타나듯
아버지는, 잠결에서도 산등성이를 편히 걷고 있었지요
경호강에서 들이마신 삶의 폐활량을
일흔 아홉 수만에 짧게 뱉어내고
지리산 속으로 영영 들어가신 아버지.

청룡사 대웅전 기둥

마음 한편에 굽은 길이 있는 듯
합장을 하고나서도
잔뜩 성이 난 나한상의 얼굴은
반듯하게 펴지지 않는다
기실 마음이 굽은 것 같아
멀리 비껴 서서 눈대중하여도
소가 떠난 숲길은
심우도에서 굽어 있다
대웅전 처마가 기침을 할 때마다
대들보에 얹힌 기둥들이
몸을 움츠리며 잠시 굽은
허리를 폈다하곤 한다
공양을 바치러 가는 보살들이
어쩌다 기둥 허리를 만지작거리면
부처가 눈치 채지 못하도록
영겁 동안 참았던 사래를 뱉어낸다
처음 출가할 때 부처의 마음인 듯
굽은 대로 불사를 세우고
굽은 길에서 굽은 잠을 자는 장좌불와
부처가 가부좌로 앉은 보리수기둥처럼
굽은 등이 온통 붉다.

해월에 지다

해월사 대웅전 섬돌에 앉아
바다에서 떠오르는 달을 본다
경전에 붉게 물든 동백도
달을 내다보는지 바다를 향해
합장을 하며 서 있다
성불로 가는 길이 바다를 가르려하는 것인지
노승의 염불이 대웅전 난간에 매달려
속 깊은 밤바람에 떨고 있다
바다에게 공양을 올리는
승복을 걸친 회나무가지들
관절마다 두둑거리는 번뇌가
목어의 소리같이 도란도란하다
구름이 바짓단을 걷어
해월의 경에 발을 담그고
천축을 건너가는 수계의 시간,
달이 극락전 문고리를 차갑게 잡아당긴다
불온한 사랑을 등진 한 찰나가
해월로 진다
해월에 해인 같은 한 업을 새겨 놓고
묵언으로 진다.

타르쵸

허공에 새긴 수많은 경전
바람이 읽고 새가 읽는다
바람에 날린 경전을 새가 물어다
건너편 산자락까지 전도를 한다
경전이 낡도록 나부끼는만큼
소원 하나 메아리를 타고
고승이 입적한 돌무덤 언덕에 가 닿는다
몸이 찢어지는 날이나
고독이 더욱 길어지는 밤은
스스로 한계를 시험하며
참혹한 수행으로 버티는 첨병 같은 시각,
바람에 떨고 추위에 떠는
억만의 경전들
오늘도 경전을 읽어보내기가
층층나뭇잎처럼 외롭다

한 수행자의 등을 밀어주며
가만가만 나부끼는 타르쵸.

바람의 사원

천장天葬을 끝낸 독수리들이
마지막 뜨듯한 살점을
하늘 속에서 뜯어 먹었다
조문을 끝낸 독수리 떼들이
순서대로 밥상을 받아 놓고
경전을 외우듯 울어댔다
귀퉁이가 무너진 회벽집이
바람에 웅웅거리며
향불연기에 가려 더 뿌옇게 보였다
어린 상주대신 바람에 나부끼는
타르쵸가 구슬프게 울었다
경전이 닳도록 바람이 읊는
망자의 짧고도 긴 연혁
바람이 번져가는 사원의 도량만큼
하늘 모서리에서 환생의 문을 여는
바람의 사원.

3부

자목련 카페

봄바람이 불어 올 때마다
저도 기다리는 소식이 있는지
카페 창을 두드리는 자목련

발걸음을 뗄 수 없는
호리낭창한 꽃무더기에서 옥수玉手를
카페 쪽으로 내밀어 팔랑팔랑 흔든다

가끔 낮빛을 은근히 달군 춘정이
찻잔 속에 앙금처럼 가라앉아
차를 더 뜨겁게 하는 날에는,

자몽주스를 몰래 훔쳐 마셨는지
밤새 대추차를 달달히 끓였는지
저 혼자 붉게 뜬 얼굴로
낮달을 하롱하롱 유혹하기도 하는데,

오늘도 무슨 밀어를 엿듣는지
카페 창가로 바짝 귀를 세우는
염치없이 붉게 달아오른 자목련.

겨울비

빈 거리 가로수에서
그대 목소리가 들려왔다
가늘은 가지에 맺힌
마지막 은빛 방울마저
바닥에 떨어져
하늘의 편지를 전했다
사연이 눈물자국으로 파여
가슴에 구멍을 냈다
구멍 난 가슴으로
그대가 빠져나가면서
새처럼 울었다

그녀를 만났다

난장에서 유리꽃병을 사오다
그녀를 만났다
안부도 없이 오래도록
눈빛으로만 써 온 시들을
하나씩 읊어주고 싶은 그녀
밥 한번 먹자는 막연한 인사처럼
그녀를 만났다
멀리서도 단박에 알아 볼 수 있게
사금파리빛 같은 미소를 띄는 그녀
유리꽃병에 얼굴이 어른거리는
그녀를 만났다
흔들리는 빛의 방향에 따라
동공이 더욱 짙어지는 그녀
그녀가 배시시 웃으며
길을 막고 노랗게 서 있었다
코발트빛 롱스커트를 입고
꽃대궁을 밀어 올리는 듯
뒤꿈치까지 들고 종종거리는 그녀
유리꽃병 너머로 달빛이 들 때마다
그녀 때문에 필 수선화 생각에
물빛 그림자가 더 길어져 갔다
철지난 꽃들의 향기를 치우다가

유리꽃병에 하냥 어른거리는
그녀를 다시 만났다.

안궁리

도성을 떠난 시각이었겠지요
밀물에 얹혀 안성천으로 흘러든 것이
별이 떨어진 소새들길을 걸어간 것이,
그대가 안궁리를 향해
도성을 떠난 시각이었겠지요
파발이 닿기도 전에 그대의 그림자가
바람을 타고 궁뜰에 먼저 내렸겠지요
살궁리를 하다 지친 궁말의 촌로들이
자궁처럼 편안한 정자 속에서
지평에 깔린 노을을 내다보며
궁담을 하는 시각에도
그대는 벼꽃으로 들판에 서 있었겠지요
그대가 궁리로 행차하는 입때에도
태아가 발길질 하듯 들녘을 건너뛰며
속궁리와 속궁리가 입을 맞추는
궁궐 같은 안궁리가 도성 밖에 있었겠지요
그대를 연모하는 은장도를 닮은
매서운 궁녀도 있었겠지요.

겨울 공세리 성당

여자가 느티나무 아래에서
흰 손을 모은 채 서 있었다
나뭇잎을 잃어버린 빈 가지들이
가시관 같이 내려와 그녀의
머리에 차갑게 얹혔다
인적이 기도하는 듯 고요한 성당
일찍 미사보를 쓰고 순례를 떠난
벚나무의 어두운 흔적과
서풍에 노랗게 질린 은행나무가
한철 사연 많은 여자의 기도를
침묵 속에서 오래도록 들어주는 곳
흰 옷을 입은 여자가
발이 저리도록 기도를 하며
느티나무 아래에 서 있었다
성당 첨탑에 매달린 십자가 주위로
나이가 들은 나무들이 손을 뻗어
성근 눈물자국을 닦아주고
여자의 등을 다독, 다독거리며
고해실로 엽서처럼 밀어 넣었다
여자의 고백이 고목나무를 타고
하늘의 말씀인 듯 들려오는
겨울 공세리 성당

눈은 오지 않는데, 흰 옷을 입은
여자가, 내 여자가 오래도록
느티나무 아래에 서 있었다.

광천 교차로

광천을 들고 날 때
만나는 철도건널목
어쩌다 차단기가 내려지고
기차가 지나가길 기다리는 동안
죄다 토굴새우젓갈인 간판들이
마중을 나와 붉은 손을 내민다
오서산을 등지고 억새숲을
몰고 오는 바람도
골목에서 골목으로 돌아 나와
교차로 이정표를 흔들어댄다
누군가는 억척같은 다짐으로
발길을 들여 놓고
누군가는 빈손으로 툴툴거리며
야반도주를 했을 것 같은 사연들이
신호등 불빛으로 깜박거린다
외지의 냄새와 타인의 말투에도
눈살을 찌푸리지 않는 가로수를 따라가면
사람마저 잘 숙성되어 있는
광천읍내를 만난다
미치도록 사랑을 하고 싶은 날
버스터미널 간이의자에 앉아
오가는 인사들 속으로

낯선 그리움을 밀어 넣고
교차로 앞에서 발걸음이 묶인다
묵은 젓갈냄새가 푹푹 나는
서산댁의 물컹한 젖가슴이 새삼
그리워져 길머리를 어디로 잡을까,
망설이는 틈새로 성질 급한 가을볕이
헤픈 농을 던지며 부추기는
사랑도 심란한 광천 교차로.

은행잎

처음 사랑이 그랬던거야
빙하기를 거친 그 마음대로
몇 천 년 사랑의 목격자가 되어
그대에게 손짓만 하다 떠는,
처음 사랑의 모습이 그랬던거야.

찔레꽃

뒷산 꿩 우는 소리들이
망을 봐주던

찔레넝쿨 아래에서
뱀딸기 보러가자며 꼬드겨

꽃잎 따듯 벗긴
순이의 꽃팬티

겁에 질려 하얗게
떠는 작은 얼굴이

그믐밤마다
떠도는 도깨비불같이

당나무에 매달려 흐느끼는
삭망의 무명천같이

아랫도리가 가끔씩
뜨거웠다 차가웠다하는 게

순이의 순결인 것 같아

목욕재계하고 달빛아래에 서면

문신같이 새겨놓은
순이의 얼굴이 하르르 흔들린다.

첼리스트 J

눈을 감지 마세요
움푹 파인 눈초리가 더 깊어져
우물을 보는 듯 해요
검고 깊은 눈맵시가
이미 서곡을 타고
물질을 하는 듯 찰방찰방 거려요
두 볼에 갈래진 귀밑머리가
첼로의 현처럼 음계를 짚으며
흰 목덜미를 오르내려요
눈을 뜨면 우물에 비친
깊디깊은 별자리 하나
첼로의 중후한 선율이 잔물결로
서서히 흔적을 지워요
우물 속 공명이 되돌아오는
길고도 짧은 시간,
눈을 감지 마세요
마음 길을 닫은 듯
두레박을 내릴 수 없어요
숨을 쉴 수가 없어요.

산벗꽃

몽정에 젖은 속옷을
우물가에서 치대다
하얀 고양이 눈에게 들킨 봄밤

속옷을 문지를 때마다
발기된 작은 꽃들이
산마을로 몰래 내려와

달빛을 붉게 받아먹었다.

낮잠

기별도 없이

당신을 보러갔다

헛걸음으로 되돌아오는

길고도 짧은

발자국 몇 폭.

아를에서

노란 나무벤치에 앉아
그림을 그리는 고흐를 생각한다
남풍에 묻어오는 볕그림자가
막 채색해놓은 캔버스를 스치며
따뜻하게 지나가는 아를

저기 어디쯤에다 이젤을 받쳐두고
사랑 한 줌을 넣고 그렸는지
한들거리는 해바라기가 향기롭다

볕이 들고 날 때마다
바람에 방향을 바꾼 들뜬 마음들이
노랗게 물들어가는 아를

고흐가 앉아 있는 아를의 카페
볕에 더 짙어지는 나무벤치처럼
커피향기가 시 한 편으로 번지는 아를에
고흐의 사람들이 오고간다
해바라기 같은 둥근 설렘으로 오고간다.

스치다

팔꿈치에 스친 부드러운 젖가슴
물컹한 감촉의 황홀경에
내가 흡수되는 것인지
그대가 흡수하는 것인지
찰나의 물컹거림이 스치듯
사랑의 경계를 넘는다
팔꿈치에 암전으로 박힌
움푹 파인 사랑의 증표
그대가 새긴 파문만큼
내 사랑을 받아주는지
가끔씩 따뜻한 물결이
출렁이며 밀려온다
흡수되고 흡수하는 황홀경에
팔꿈치로 사랑을 슬쩍, 스친다.

다시 시월애에 들어

저기 어디쯤에 길이 있었지
바다 한쪽으로 들고나는 작은 길이었지
안면도를 거쳐 죽도를 지나
윤슬을 밟고 오는 눈부신 길
멀리 남당항의 불빛들이
목어를 타고와 묵도를 하고
소소히 돌아가는 달밤이면
길은 먼 바다에게도 손짓을 하였지
저기 어디쯤에 길이 있었지
당신이 이미 지나간 예전의 길이었지
당신과 나 사이를 후두둑 지나
말문 대신 눈빛만 남기신 길
장은항을 떠난 목선들이
당신이 머뭇거리는 저기 어디쯤에
부표 하나씩 내려 놓고
또렷한 좌표를 세우는 날이면
길은 해풍에게도 따뜻한 손을 내밀었지
바다 한쪽으로 들고나는 하나의 길
저기 어디쯤에 내 사랑이 있었지.

성불사 돌계단에 앉아

산벚꽃이 비둘기떼처럼 내려앉는
성불사 돌계단
안서호 물빛이 산자락을 타고
도반의 걸음으로 느릿느릿 올라온다
바랑에 얹힌 번뇌가 짝사랑같이
가볍기도 무겁기도 하는지
걸음을 옮길 때마다 들썩거린다
계단을 올라 지나치는 사랑과 번민이
아지랑이로 번지는 봄날의 성불사
사랑을 내려놓지 못한 중생이
산새가 되어 울기도 하고
사랑을 잘못 내려놓은 중생이
산벚꽃이 되어 날리기도 한다
골바람을 타고 언뜻언뜻 가슴을 휘젓는
천년의 더딘 사랑
성불사 돌계단에 앉아
산그림자같이 길게 늘어지며
더디게 오는 그대를 기다린다.

외포리

석모도로 떠나는 막배가

선착장에 쪼그려 앉아 우는,

여인의 울음소리에

자꾸만 발길을 망설인다.

환절기

신새벽에 걸려오는

전화는 불안하다

서서히 부고가

밀려들 것 같은,

뱀딸기

숙이를 배웅하던 보름밤
좁다란 골목길 담벼락에
덩굴장미줄기로 기어오르는
뱀 두 마리

꽃잎을 덮치는 줄기가
줄기를 밀치는 꽃잎이
아슬아슬하게 달그림자로 포개진다

울며 집으로 들어간
숙이가 남긴 첫 키스의 분냄새

아득한 숙이의 마음같이
철없는 내 입술에 물든
붉은 눈물방울.

인연

맛집으로 소문난 식당에서
그녀를 처음 만났다
손님들은 북적이고,
그녀도 혼자 나도 혼자여서
우리는 한 테이블을 두고
얼굴을 마주하였다
주문한 음식이 나올 동안
멋쩍게 있기도 뭐해서
말을 섞고 낯을 섞고,
웃음을 섞었다
생면부지의 사람과 사람이
한 끼의 인연으로 마음을 섞어
말문을 트고 화답을 하는
따뜻한 초면의 자리
바다를 좋아한다는
그녀의 머릿결 너머로
해풍이 부는 듯 내 가슴에
아슴한 물결이 파문을 쳤다.

시집을 읽는 여자

공영주차장 너머로 보이는 사창가
쇼케이스 속에서 여자가 시집을 읽는다
나이 든 여자에게서 나는 화장냄새가
눅눅한 바람에 섞여 골목을 빠져나가고
한낮에 흔들리는 접시꽃이 쇼케이스
유리창을 쓸데없이 두드린다
내리쬐는 땡볕이 객들의 그림자를 지웠는지
한번쯤 오빠라고 부르고 싶은 오빠들은 없다
빈 의자만 나앉은 쇼케이스 틈으로
시집을 읽고 있는 그대를 부르고 싶어도
시의 행간 어딘가에 박혀있는
진짜 오빠를 향한 움푹한 눈빛이
긴 머리카락을 타고 반짝거려서
그 짧고도 긴 골목을 그대하고
눈도 마주치지 못한 채 짝사랑 같은
두근거림으로 무겁게 돌리는 발걸음
시 속의 오빠처럼 한번쯤 오빠라고 부르면
시를 낭송하듯 다음 행간을 준비하는 자세로
눈길 맞추며 웃어주고 싶다
꽃차례 같은 웃음으로 시집을 넘겨가며
그대와 공감할 수 있는 시 한 줄을
또박또박 읽어주고 싶다.

천북 여자

굴단지를 지나 바다로 향하는
길로 들어서면 커피향기가
짙게 배어나오는 집이 있다
길을 잃은 바다가 지은 집
바람이 불어도 흔들리지 않고
파도가 쳐대도 떠돌지 않는
등대 같은 집에 여자가 있다
커피를 내리고 와플을 굽는
카페지기의 고운 손길이
계절을 잊은 철새들을
바다로 다시 돌려보내는 한낮
카페를 떠도는 김광석의 노래도
윤슬에 비친 테이블의 그림자도
결코 적요를 깨트리지 않는 집
머리카락이 자라는 세월만큼
가슴에 돋은 외로움 한 줌을
익숙하게 말아 올리는 여자
여자가 바다에 떠 있다
밀물이 들 듯
사람들이 비껴가고 비껴 와도
고적을 커피로 타서 마시는 여자
사리 때의 불안한 수위만큼이나

사람이 그리운 천북 여자
여자가 바다에 떠 있다,
사루비아 같은 천북 여자가.

군산 여자

폐철로가 녹이 슬면서부터
끊긴 사내의 발걸음
부교가 엉덩이를 갯바닥에 붙일 때도
썰물인 듯 돌아오지 않은 사내
기적汽笛이나 뱃고동소리가
양철지붕을 타고 환청같이
들려오는 춘삼월의 달밤이면
심해를 휘젓는 물고기지느러미로
빈방을 철썩이며 닦는 여자
창문에 걸린 연등이
목이 늘어난 여자의 속옷을
붉게 훔쳐보는 보름밤
먼 바다에서 풍랑을 따라
크고 작은 상처를 다독이며
뭍으로 끈끈하게 밀려와
섬이 된 여자
녹이 슨 폐철로 위로
오래전 스쳐간 사내의 발자국,
눈에 익은 문패 앞에서 머뭇거리다
섬으로 잠겨든다
섬이 되어 앉아있는 여자도
사내냄새가 진동하는 밀물에
잠겨든다.

모슬포 여자

방어 떼들이 입동준비를 하는
늦가을 바닷가
한 여자가 눈물로 사랑을 지운다
시마저 되지 않는다고 서럽게 운다
여자의 눈물을 아가미로 거른 방어들이
심해 속에 울음을 토해 쌓아놓는 곳
한 여자가 시 대신 사랑을 쓴다
모살 위에 사내의 반듯한 이력을 쓴다
마라도에서 만행을 하며 건너온 해풍이
속 깊은 여자의 가슴에서
풍경소리로 살랑이는 곳
한 여자가 시를 쓰려고 왔다가
거친 바람이 된 곳,
모살 같은 여자가 바다를 낳는다
여자의 사랑을 삼킨 방어가
몹쓸 시만 바람 속에 슬어놓는다.

목계木鷄

단 한 번의 울음으로
당신 심장을 멎게 할 것 같아
횃대에 오르지 않는 닭
바람이 든 나무의 기억 때문에
펴지지 않는 날개가
자꾸만 푸드득 거린다
독수리처럼 회를 치고 싶은 본능이
하늘을 향할 때마다
울 수 없는 언어들이 목젖에 잠긴다
죽도록 날아가는 빈 날갯짓
당신에게 가는 길이 있다면
부리에 피가 나도록 싸우는
눈이 먼 투계가 되어도 좋아
몸 속 가득 당신이라는 호칭을
결결이 쌓아 놓은 채
울지 않고도 부르는 닭
바람에 흔들린 나무의 문장이
영겁으로 대답하는 사랑인 듯
붉은 동공을 빠져나간다.

천안 여자

휘늘어진 버들가지가
허공에 써준 시를
받아 적는 여인이 있네
소녀 때부터 버드나무와
키를 재면서 자라
허리가 굵어지고
우듬지가 하늘에 닿은
버들잎 여인
외간 남자 기척에
가지로 주렴을 치고
볼에 부푼 절창조차
함부로 내뱉지 않네
바람이 가지를 흔들어
시를 떨어트릴 때
비로소 문을 여는
사원 같은 여인의 집
붓으로 크로키한 자화상이
시를 쓴 듯
귀퉁이 여백마다
빼곡한 하얀 적멸
버드나무가 쓴 시를
심장에다 필사하는
맵고 고운 여인이 있네.

해설

차안과 피안의 변증법, 사랑에 이르는 길

황치복 문학평론가

차안과 피안의 변증법, 사랑에 이르는 길

황치복 문학평론가

1. 현실, 시인이 일용할 양식

권혁재 시인의 시적 음역은 매우 다양해서 어느 하나로 수렴되지 않는다. 시인은 기본적으로 지금, 여기의 우리 현실에서 어떤 일이 일어나는지 경계를 늦추지 않으며 예리한 촉수를 드리우고 있다. 또한 시인은 사물과 사물이 서로 교감하고 결합하여 새로운 존재의 변이를 일으키는 에로티즘 현상의 신비에 대해서 어린아이의 같은 호기심을 지니고 있기도 하다. 그리고 일견 모순적이고 부조화되는 현상처럼 보이기도 하지만, 에로티즘에 대한 관심 옆에는 종교적 성찰과 깨달음에 대한 갈망이 들끓고 있어서 시인의 시적 세계를 청정무구의 지역으로 이끌기도 한다.

권혁재 시인의 이처럼 다양한 시적 관심들은 결국 사랑에 도달하기 위한 궁극적인 시적 목적으로 통해 있다. 시인의 거의 대부분 시편들은 연시戀詩라고 할 수 있을 정도로 사랑에 대한 다양한 국면과 계기들, 그리고 천의 얼굴을 지닌 사랑의 면모를 탐구하거나 묘사하는 일에 몰두하고 있다. 사랑에 대한 시편들은 아버지와 어머니를 비롯하여 시인의 삶의 영역에 흔적을 남긴 거의 모든 사물과 대상들에 대한 관심과 애착을 보여준다. 삶이란 지상에 새기는 "찰나"(「한 찰나,」)의 흔적이라고 할 수 있으며, 그러한 찰나의 흔적 속에는 타자의 개입과 동참이 오롯이 자리잡고 있어서 자신의 삶은 그러한 타자들이 지나가는 통로에 지나지 않음을 시인은 자각하고 있다고 하겠다. 따라서 사랑은 그처럼 자신의 삶에 개입하는 타자들에 대한 관심과 공감의 표현과 다르지 않다.

타자들 가운데 시인에게 가장 중요한 대상은 사회적 현실이라고 할 수 있다. 권혁재 시인의 시가 연시의 형식을 띠고 있지만, 그것은 정의로운 사회와 평등한 사회, 인간의 인권과 존엄성이 존중되는 사회에 대한 바람이 배경으로 자리하고 있다. 권혁재 시인의 시편들에서 사회적 현실을 드러내고 있는 작품들은 주로 소외된 소수자들의 삶의 애환에 대한 관심과 연민으로 들끓고 있다. 그는 "정리해고로 노동자에게/ 극형을 내리는 순간에도/ 한숨의 희망은 절망으로/ 도돌이표로 돌아가/ 모두가 마른 울음으로/ 컥컥거리는 슬픈 허밍"(「허밍의 시대」)의 시대적 현실을 고발하기도 한다. 또한 "햄버거를 먹기 위해/ 몸을 팔고 웃음을 팔은/ 미스 리들,/ 양담배, 양주, 양색시 소리에/ 빠다 같은 찐득한 세월이/ 가랑이와 가랑이를 타고 넘어/ 대를 이어온 미스 리들,/ 햄버거를 베어 물 때마다/ 미스 리들의 신음이 터져 나와/ 입가에 밥알처럼 달라붙는다"(「미스 리 햄버거를 먹으며」)라고 노래하면서 외세에 의존해 생존을 도모했던 약소민족의 곤경을 환기하기도 한다.

소수자의 삶의 곤경에 대한 시인의 관심은 자연스럽게 우리 사회의 그늘진 풍경으로 눈을 돌리게 되는데, "이주노동자의 어색한 눈빛도/ 비정규직의 불안한 강변도/ 해피마트에서 대작을 하는 사이/ 주간조와 야근조의 진내가 섞여/ 마음이 붕붕거려 해피해지는"(「해피마트」) 풍경에 주목하면서 노동자들의 전혀 행복하지 않은 현실을 경쾌하고 발랄하게 묘사하면서 그 반어적 효과를 극대화하고 있다. 또한 시인은 세월호 참사에서 희생된 죄 없는 학생들을 회상하면서 "목숨은, 아우성들은 7시간 만에/ 싱크홀 같이 사라지고 말았지/ 안개 탓만 하는 어른들의/ 더럽고 무책임한 말들이/ 아이들의 웃는 영정 앞에서/ 뱀처럼 허물을 벗는 조문만 할 뿐"(「알리바이」)이라고 표현하면서 골든타임을 놓친 무책임하고 무능력한 권력에 대해서 각성을 촉구하기도 한다.

이처럼 권혁재 시인의 시적 토양은 사회적 현실이라고 할 수 있는데, 정의롭지 않고 왜곡된 사회의 구조에 대한 문제의식이 시인의 시작詩作을 추동하는 근본적인 힘이라고 할 수 있다. 부조리한 사회적 현실은 시인이 바라는 이상적인 현실태로서 "평등과 질서"(「변기가 깨졌다」)가 구축된 현실의 상실을 의미하며, 그러한 점에서 현실은 끊임없이 시인의 시적 관심을 촉발하면서 위대한 거절과 창조적 불만족의 계기를 제공해주는 기제인 셈이다. 현실에 대한 천착이 권혁재 시인의 시가 무시공의 관념적 영역으로 휘발되지 않고 탄탄한 대지에 뿌리를 뻗게 하는 기제이기도 한데, 그가 추구하는 '에로티즘'이나 '구도求道', 그리고 '사랑' 등의 시적 주제가 결코 공허하지 않게 하는 힘으로 작용하기도 한다. 시인이 추구하는 에로티즘이나 종교적 상상력, 그리고 시인의 핵심적 주제인 사랑 등이 결코 관념적인 산물이 아니라 현실적 토양에서 자라난 견고한 체험에 기반을 둔 시적 사유임을 말해주고 있는 셈이다.

이렇게 말해 놓고 보니 그의 시작에 임하는 태도와 관점 등을 나타내주는 시론이 궁금해진다. 그는 어떠한 창작 방법론을 지니고 있으며, 시에 대해서는 어떤 생각을 지니고 있는 것일까? 시인의 시적 주제와 그것의 의미에 대해서 살펴보기 전에 그가 지니고 있는 시론에 대한 생각부터 정리해본다.

> 시를 덮고 자다가
> 답답한 기운에
> 나도 모르게 걷어차
> 오래도록 맨몸을 내놓고
> 선잠으로 뒤척였다
> 꿈결인 듯 잠시
> 그가 걸어와
> 여전히 쉰 목소리로
> 시가 좋아졌다,
> 시가 좋아졌다하면서
> 사라지는 그의 뒤로
> 간헐적으로 숨 가쁘게
> 들려오는 신음소리
> 체증 같은 가위눌림에
> 시를 걷어내고
> 방문을 열어젖히니
> 대숲에 걸린 시들이
> 벌겋게 타고 있었다
> 초승달도 태울 듯이
> 활활 타오르고 있었다.
>
> —「포스트 시론」 전문

'포스트 시론'은 시론 이후의 시론, 혹은 이후 쓰여질 시에 대한 이론이라고 해석할 수 있다. 그러니까 이 시는 앞으로 쓰여질 시에 대한 대안적 시론인 셈이다. 그런데 이 시에서 시란 덮고 자는 이불과 같은 것으로 설정되어 있다. 하지만 시라는 이불은 "답답한 기운"이 말해주고 있듯이 숙면을 방해하는 요소로 작용하고 있다. 시는 편안한 잠을 방해하는 불편하고 거북스러운 어떤 것으로 이해되고 있는 것이다. "숨 가쁘게 들려오는/ 신음소리"나 "체증 같은 가위눌림" 등의 구절들은 시가 결코 자신의 내밀한 방에서 잠자기, 혹은 꿈꾸기 위한 기제가 아니라는 것을 웅변해준다. 시는 요즘 우리 시단에서 유행하는 것처럼 환상적 공간을 창출하는 것이거나 다성적 목소리로 무의식의 심연을 파헤쳐 낯선 타자의 목소리를 확인하는 작업이 아니라는 것을 암시하고 있다.

그리하여 시적 자아는 "시를 걷어내고/ 방문을 열어젖히"는데, 그러자 시는 "대숲에 걸"려 "초승달도 태울 듯이" 활활 타오르게 된다. 이러한 발상의 전환은 많은 메시지를 탑처럼 쌓아 놓고 있다. 요컨대 시란 덮고 자는 이불과 같은 방안의 사물이 아니라, 방문을 열고 거리로 나가 여항의 풍경을 담는 그릇이라는 것, 시란 꿈결과 같은 정적이고 감미로운 것이 아니라 거친 삶의 체취를 담은 역동적인 것이라는 점을 환기한다. 그리고 시란 시인의 고뇌를 잠재우는 안정제가 아니라 어두운 세상을 밝히는 횃불과 같은 성격을 지녀야 한다는 것, 그리고 시란 방안에서 시인이 개인적으로 완롱하는 취미의 산물이 아니라 세상을 불태우고 정화하여 새로운 세계를 창출하는 혁명적인 에너지임을 강조하고 있는 것이다. 시적 메시지가 함축적으로 표현되어 이러한 사실들을 추론할 수 있을 뿐이지만, 다음 시론은 좀 더 구체적으로 시가 삶의 현장에 있어야 함을 보여준다.

시작詩作노트를 바꾼 날
강의 도중에 대놓고
떠드는 여학생 둘을
정중하게 퇴실시켰다
시의 새로운 입맛이 달아나고
세대 차이를 탓하기엔
알 수 없는 분노가 치밀었다
들뜬 시작의 첫날에
더러운 인내를 참지 못하고
욕설을 내뱉게 하는 지성을 가장한
거짓 담론이 졸고 있는 강의실
학점 따기에만 눈이 뒤집혀
불의고 공분이고 개코도 모르는
나약한 자본의 추종자들,
불투명한 시작의 앞날같이
학생들이 베껴 써대는 리포트가
세상을 더 불투명하게 하였다
시작노트를 바꾼 날
볕 좋은 가을날이 상가처럼 어두운
강의실의 창턱에서 조문을 하고
혀를 차며 돌아갔다
시작노트를 바꾸고 처음으로
쓴 시,

학 생 부 군 신 위.

—「시작노트를 바꾼 날」 전문

강의 시간에 떠드는 여학생을 퇴장시키는 시적 자아의 행동에는 과도한 반응이 잠재되어 있다. 심지어 시적 자아는 그러한 학생들을 보면서 "알 수 없는 분노"까지 느끼고 있다. 이러한 반응에서 우리는 시에 대한 시인의 염결성과 엄숙성 등의 시각을 엿볼 수 있다. 그리고 이러한 분노와 개탄 뒤에는 시가 진정으로 담아내야 하는 시적 진실에 대한 시인의 항의와 도전이 도사리고 있다.

시적 자아가 그토록 분노하는 것은 사실 떠드는 학생들에 대한 것이 아니다. 시적 자아의 분노는 강의실과 거기에서 이루어지는 행위들, 그리고 문제의식 없이 그것을 그대로 수용하는 학생들 모두를 향해 있다. 강의실 안에서는 "지성을 가장한/ 거짓 담론이 졸고 있"고, 학생들 또한 "학점 따기에만 눈이 뒤집혀/ 불의고 공분이고 개코도 모르는/ 나약한 자본의 추종자들"로 존재하고 있다. 시적 자아는 이러한 강의실의 현실을 "상가처럼 어두운 강의실"이라고 명명하며 "별 좋은 가을날"로 하여금 "조문"하도록 하면서 "학 생 부 군 신 위"라는 시를 창작한다.

이와 같은 발상은 앞서 분석한 작품에 비해 너무 직설적으로 자신의 생경한 감정을 드러낸다는 점에서 결코 좋은 작품이라 평가하기는 어렵다. 하지만 시인의 시에 대한 태도는 더욱 구체적으로 드러난다고 하겠다. 요컨대 진정한 시는 거짓 담론이 지배하는 강의실에 존재할 수 없다는 것, 현실에 대해 전혀 문제의식을 느끼지 못하고 자본의 메트릭스가 짜 놓은 상징계로 진입하는 것에만 관심을 가지는 자본의 추종자들인 강의실의 학생들로 인해서 시의 미래가 더욱 어둡다는 것 등의 메시지를 읽을 수 있다. 특히 그러한 강의실을 "상가"에 비유하고 있는 장면이나 시작노트를 바꾸고 처음 쓴 시의 작품을 "학 생 부 군 신 위"라고 명명하는 장면은 시란 "별 좋은 가을날"이나 자본이 지배하는 부조리한 세상 속으로 나가야 한다는 것, 그리고 그러한 경험 세계에서 진정한 담론을 발견하고 "불의"에 대해서 "공분"할 수 있는 학생들 속에 존재해야 한다는 시론을 함축하고 있다고 해석할 수 있다.

거리의 고된 삶의 풍경을 담아내는 시, 사회적 정화와 갱신을 가능케 하는 혁명을 추구하는 시, 강의실 밖의 부조리와 모순에 대해서 사유하면서 진정한 담론을 구축하는 시야 말로 시인이 추구하는 시이자 시의 가치라고 할 수 있다. 그리하여 시인은 실제로 현실에 대한 체험과 관찰에 기반을 둔 「변기가 깨어졌다」는 시를 통해서 "세상의 온갖 치부와 하소연을/ 배설물에 섞어 보냈을 변기/ 그런 변기가 깨"어진 현실에 주목하면서 변기의 붕괴를 통해서 "세상의 평등과 질서가 깨"어진 결과를 읽어내기도 한다. 세상의 오물과 부패를 정화하고, 세상의 가장 낮은 곳에서 묵묵히 자신의 역할을 수행하던 변기의 붕괴를 통해서 세계의 붕괴를 읽어내고 있는 것이다. 변기의 붕괴는 세계의 가장 비천한 존재의 소멸을 의미하는 것이며, 그것의 붕괴는 모든 구성원들이 그것으로 전락할 가능성의 붕괴를 의미한다는 점에서 평등의 붕괴이며, 질서의 붕괴라고 할 수 있을 것이다.

또한 시인은 「좌측을 읽어버렸다」라는 시를 통해서 우리 사회의 우경화와 편향성에 대해서 고발하면서 그러한 현상이 초

래할 기형적인 사회의 구조를 고발하기도 한다. 이 시에서 시적 자아는 "언제부턴가 깨진 좌우의 균형이/ 차를 우측으로 또 우측으로 달리게 한다"고 지적하고 있는데, 좌파의 존재를 부인하고 우파의 가치에만 주목하는 우리 사회의 편향성을 우려의 눈으로 보고 있음을 알 수 있다. 실제로 시적 구도에서 좌파의 붕괴와 우파의 득세는 "달리는 차마저 길을 잃었는지/ 불안하게 차선을 들락거린다"라는 대목에서 알 수 있듯이 우리 사회의 역사적 전개를 불가능하게 한다는 점에서 문제의 심각성을 발견할 수 있다. 좌우 균형의 붕괴는 한 쪽 바퀴로 달리 수 없는 자동차처럼 우리 사회의 삶을 심하게 휘청이게 할 것이라는 점에서 현실에 대한 깊은 통찰을 보여주고 있는 것이다.

결국 현실이란 권혁재 시인에게 일용할 양식으로서, 항상 시의 원천이 샘솟는 곳이며 시의 건강성을 타진하기 위하여 항상 달려가야 할 참조점이라고 할 수 있다. 시의 진정성에 대한 지표가 삶의 현장성에 있는 셈이다. 그러나 권혁재 시인은 현실에만 매몰되어 있지는 않다. 현실은 그것에 반응하는 재현의 형식으로만 존재할 수는 없기 때문이다. 이러한 문제의식에서 에로티즘과 종교적 성찰에 대한 모색이 발생한다.

2. 에로티즘, 교감과 공감과 통로

에로티즘은 권혁재 시인이 초기시에서부터 표출하고 있던 아이콘과 같은 것이다. 그는 첫 시집인『투명인간』의「붉은 동굴」이라는 시에서 "눈치를 슬쩍보며 즐거운 동굴을/ 첫 키스하듯 탐미하고 있었어/ 사타구니에서 시작된 동굴은/ 알리바바의 주문처럼 서서히 열리며/ 찬란한 보물을 보여주었지"라고 노래하면서 에로티즘적 경향을 드러내고 있을 뿐 아니라, 성애적 대상에 대한 탐미적 태도까지 보여주고 있었다. 이러한 경향은 두 번째 시집인 『잠의 나이테』나 세 번째 시집인 『아침이 오기 전에』 등에도 여전히 지속되고 있었는데, 이번 다섯 번째 시집에서도 에로티즘적 충동은 여전히 시인의 중요한 시적 심급이 되고 있다. 에로티즘은 성애적 충동을 통해서 생명의 가치에 대한 사유를 발현할 뿐만 아니라 타자와의 공감과 연대, 그리고 삶의 원초적 충동 등을 통해서 현실 이면의 현실로 접근해 간다는 점에서 관심의 대상이 된다.

이제 당신을 위해
옷을 벗을 시간
다행히 집에는 아무도 없네요
비상등같이 마냥 피어 있는
아득한 꽃의, 노란 음부가
열리기만을 기다려요
당신이 한눈을 파는 사이에
질투심만 잔뜩 키운 가시들이
목덜미를 속속 찔러대요
정오만 되면
꽃이면서 꽃이 아닌 꽃으로
꽃이 아니면서 꽃인 꽃으로
당신을 위해 옷을 벗지요
그러나 당신은 늘 없지요
노란 알몸을 보지 못하는 곳에
당신은 있지요

요술 같은 세상이고
요술 같은 시간이지요
당신을 위해 옷을 벗어도
당신도 없고 나도 없지요
꽃 한 송이인 당신만 그저 있지요.

—「요술꽃」 전문

"옷을 벗을 시간", "노란 음부" 등의 표현이 요술꽃을 바라보는 시인의 관점과 태도를 보여준다. 실제로 그러하기도 하지만 시인은 꽃을 하나의 생식기로 간주하고 있으며, 성적 메타포를 부여하고 있는 셈이다. 하지만 더욱 중요한 것은 시적 자아가 꽃이 피는 순간을 옷을 벗는 시간으로 이해하고 있다는 점이며, 꽃이 활짝 핀 개화의 상태를 "노란 알몸"으로 은유하고 있다는 점이다. 꽃은 단순히 생식을 위한 수단에 그치는 것이 아니라 존재의 본질적 형상으로서 이해되고 있는 것이다.

그런데 시적 자아는 꽃이 피는 것이 단순히 생식을 위한 과정이 아니라 "당신을 위"한 어떤 배려와 헌신의 과정으로 해석하고 있다. 자세히 보면 "이제 당신을 위해/ 옷을 벗을 시간", "당신을 위해 옷을 벗지요", "당신을 위해 옷을 벗어도" 등의 표현이 등장하는데, 이러한 표현들은 개화의 과정이 단순히 꽃잎이 벌어지는 변화가 아니라, 알몸을 가린 옷을 벗는 과정이라는 점, 그리고 알몸을 보이는 탈의의 과정이 당신을 위한 의도적인 행동이라는 점을 여러 차례 강조하고 있음을 확인할 수 있다. 꽃이 피는 것이 단순히 생식을 위한 변화가 아니라 당신에게 알몸을 보이기 위한 것이며, 알몸을 가린 옷을 벗는 과정이기 때문에 요술꽃은 "꽃이면서 꽃이 아닌 꽃"이기도 하고,

"꽃이 아니면서 꽃인 꽃"이기도 하다. 요술꽃은 "노란 음부"를 개방한다는 점에서 꽃이지만, 그것은 생식을 위한 것이 아니라 타자와 맨몸으로 소통하기 위한 기도라는 점에서 단순히 꽃이라고만 할 수는 없는 것이다.

하지만 이 시에는 타자와 소통하기 위한 요술꽃의 노력이 좌절되는 안타까운 정서가 주조를 이루고 있다. 요술꽃은 당신과 진정한 소통을 위해 알몸이 되지만, 당신은 "한눈을 파"고 있거나 그 현장에서 늘 부재중이다. "노란 알몸을 보지 못하는 곳에/ 당신은 있"는 것이다. 그리하여 알몸을 보이는 요술꽃의 모험은 실패로 끝나고 세상은 "요술 같은 세상"이 되고, 시간은 "요술 같은 시간"이 될 뿐이다. 이러한 시적 진술에는 알몸과 알몸이 서로 대면하는 세상, 알몸과 알몸이 서로 소통하는 세상이야말로 자연스러운 세상이고, 진정성이 존재하는 세상인데, 그렇지 못하기 때문에 세상은 초자연적인 것이 지배하는 기괴하고 요상한 그것이 되고 만다는 인식이 잠재되어 있다.

어쨌든 중요한 것은 시인이 이 시에서 성애적 구도를 형성하면서 정작 하고자 하는 것은 존재와 존재의 진정한 소통, 즉 알몸의 만남이라는 점이다. 시인에게 요술꽃의 "노란 음부가/ 열리"는 시간이란 당신과 어떤 관계를 형성하고 싶은 시간, 그러니까 존재의 은폐된 모습이 개방되고 세상과 처음으로 대면하면서 진정한 관계를 형성하고 싶은 욕망이 탄생하는 시간인 셈이다. 에로티즘이 타자와 관계 맺기를 원망願望하는 하나의 기제임을 다음 시도 여실히 보여준다.

봄바람이 불어 올 때마다

저도 기다리는 소식이 있는지
카페 창을 두드리는 자목련

발걸음을 뗄 수 없는
호리낭창한 꽃무더기에서 옥수玉手를
카페 쪽으로 내밀어 팔랑팔랑 흔든다

가끔 낮빛을 은근히 달군 춘정이
찻잔 속에 앙금처럼 가라앉아
차를 더 뜨겁게 하는 날에는,

자몽주스를 몰래 훔쳐 마셨는지
밤새 대추차를 달달히 끓였는지
저 혼자 붉게 뜬 얼굴로
낮달을 하롱하롱 유혹하기도 하는데,

오늘도 무슨 밀어를 엿듣는지
카페 창가로 바짝 귀를 세우는
염치없이 붉게 달아오른 자목련.

—「자목련 카페」 전문

"낮빛을 은근히 달군 춘정"이라든가 "저 혼자 붉게 뜬 얼굴", 그리고 "붉게 달아오른 자목련" 등의 표현들이 자목련을 에로티즘의 대상으로 파악하고 있는 시적 정황을 전달해준다. 그런데 역시 자목련이 이처럼 몸이 달뜬 것은 성애적 충동을 통해 생식을 위한 목적을 달성하기 위한 것이 아니라 타자와 소통하고 어떤 관계를 형성하기 위한 목적이라는 점에서 에로티즘의 특징적 모습을 확인할 수 있다. 기다리는 소식이 있어서 카페의 창을 두드리는 자목련의 모습이나 "옥수玉手를/ 까페 쪽으로 내밀어 팔랑팔랑 흔드"는 자목련의 모습 등은 타자와 소통하고 특정한 관계를 형성하고 싶은 자목련의 내밀한 욕망을 드러내주고 있다.

이 시에서 시적 자아는 자목련이 타자와 소통하고 관계를 형성하고자 할 때 어떤 성애적 흥분 상태에 빠지는 것으로 파악하고 있다. "낮달을 하롱하롱 유혹하"려고 할 때 자목련은 "저 혼자 붉게 뜬 얼굴"이 되기도 하고, 밀어를 엿듣고자 "카페 창가로 바싹 귀를 세"울 때 자목련은 "염치없이 붉게 달아오"르게 된다. 타자의 은밀한 대화를 엿듣고자 할 때 자목련은 붉게 들뜨게 되고, 타자의 관심을 끌어당기고자 할 때에도 스스로 붉게 달아오르는 것이다. 이처럼 권혁재의 시에서 성애적 흥분 상태란 생식의 목적을 위한 성적인 결합을 위한 것이 아니라 타자의 존재 영역에 틈입하고자 하는 욕망, 곧 타자와 자신 사이에 어떠한 특별한 네트워크를 구축하고자 하는 욕망에서 발원함을 확인할 수 있다.

권혁재 시인의 에로티즘적 성향의 시에서 발견할 수 있는 또 다른 하나의 특징은 에로티즘이 모두 자연물과 관련되어 발현되고 있다는 점이다. 시인이 에로티즘적 충동을 발견하는 대상은 모두 꽃이나 나무 등 자연물과 관련되어 있으며, 특히 앞서 분석한 시편에서 알 수 있듯이 꽃과 연관되어 있다는 점이다. 시인은 「찔레꽃」에서 "꽃잎 따듯 벗긴/ 순이의 꽃팬티"를 연상하기도 하고, 「산벚꽃」에서는 "몽정에 젖은 속옷을/ 우물가에서 치대다/ 하얀 고양이 눈에게 들킨 봄밤"을 떠올리기도 한다. 또한 「뱀딸기」에서는 "숙이를 배웅하던 보름밤/ 좁다란 골목길 담벼락에/ 덩굴장미줄기로 기어오르는/ 뱀 두 마리"를 상상하기도 한다. 이처럼 권혁재 시인의 다섯 번째 시집에서는 꽃을 비롯한 자연물들이 에로티즘의 주된 대상으로 등장하고 있는 것이다.

물론 자연물을 통해서 에로티즘을 표현하고자 하는 시인의 시적 의도는 타자와 소통하고 관계를 형성하고자 하는 욕망의 발현이라고 할 수 있다. 하지만 그것이 왜 우리의 일상과 현실이 아니라 자연물인지에 대해서는 좀 더 생각해 볼 필요가 있을 것이다. 에로티즘이 「요술꽃」에서처럼 알몸으로서의 진정한 만남과 소통을 추구하는 기제라고 한다면, 결국 그것은 이해타산의 교환가치와 현실원칙이 지배하는 사회적 현실의 이면으로 나아가야 한다는 것, 그리하여 있는 그대로의 자연 상태가 되어 타자에 접근해야 한다는 것, 그러할 때 타자와의 진정한 교감과 공감이 형성될 것이라는 함축적 의미를 읽어낼 수 있을 것이다.

3. 구도求道, 삼라만상이 참여하는 만다라

권혁재 시인의 시의 음역 중에서 가장 넓고 깊은 부분이 종교적 상상력에 기대고 있는 구도求道의 시정신이라고 할 수 있다. 천주교와 기독교적 발상이 없는 것은 아니지만, 대체로 불교적 사유에 의존하고 있는 종교적 성찰의 사색적 시편들은 작품의 양에서 뿐만 아니라 질적인 차원에서도 매우 중요한 영역으로 보인다. 그런데 종교적 사유에 기대고 있는 깨달음을 향한 구도의 고행이라는 시적 주제는 인간의 차원에 국한되지 않고 삼라만상의 모든 존재자들이 공유하고 있다는 점에서 그 특징을 발견할 수 있다.

> 허공에 새긴 수많은 경전
> 바람이 읽고 새가 읽는다
> 바람에 날린 경전을 새가 물어다
> 건너편 산자락까지 전도를 한다
> 경전이 낡도록 나부끼는만큼
> 소원 하나 메아리를 타고
> 고승이 입적한 돌무덤 언덕에 가 닿는다
> 몸이 찢어지는 날이나
> 고독이 더욱 깊어지는 밤은
> 스스로 한계를 시험하며
> 참혹한 수행으로 버티는 첨병 같은 시각,
> 바람에 떨고 추위에 떠는
> 억만의 경전들
> 오늘도 경전을 읽어보내기가
> 층층나뭇잎처럼 외롭다
>
> 한 수행자의 등을 밀어주며
> 가만가만 나부끼는 타르쵸.
>
> —「타르쵸」 전문

타르쵸란 오색 깃발에 티벳 불교의 경전을 적어 넣은 깃발을 의미하는데, 바람이 불어 깃발이 펄럭일 때마다 바람을 타고 부처님의 진리의 말씀이 온 세상에 퍼져 세상 곳곳의 중생들이 해탈에 이르기를 기원하는 티벳 불교인들의 염원이 담긴 것이라고 한다. 따라서 타르쵸에는 인간 중심적인 생각이 배제되어 있으며, 세상의 모든 삼라만상이 부처님의 자비로운 마음의 대상이 되는 셈이다. 이러한 생각이 이 작품에서는 "허공에 새긴 수많은 경전/ 바람이 읽고 새가 읽는다"고 표현되어 있다.

고행의 길은 고독하고 고난에 찬 것임에 틀림없다. "몸이 찢어지는 날이나/ 고독이 더욱 길어지는 밤" 등의 표현들이 수행의 지난함을 적절히 드러내고 있다. "참혹한 수행으로 버티는 첨병 같은 시각"이라는 표현이 수행의 고통을 극한적으로 표현해주고 있거니와 "바람에 떨고 추위에 떠는/ 억만의 경전들"이라는 표현을 보면 수행의 주체가 바로 경전이자 그것을 새겨놓은 타르쵸임을 알 수 있다. 불법을 깨우치기 위한 수행의 과정은 경전 자체를 비롯하여, 그것을 새긴 타르쵸, 그리고 타르쵸에 새겨진 경전을 읽고 나르는 바람과 새들, 그리고 그러한 경전을 실천하는 수행자 등의 다양한 주체들이 참여하는 우주적 사건임을 이 시는 강조하고 있는 셈이다. 다음 작품이 이를 더욱 선명히 보여준다.

성불사 스님의 독경을
박새가 물어다 얹은 느티나무

바람이 산문을 밀 때마다
맞닿은 가지들끼리 부딪쳐
목탁소리를 낸다

하안거 중인 딱따구리도
가끔씩 법문을 쪼아대는지
산메아리로 화답한다

군살 부푼 가지에
바람이 불공을 올리며
깎아낸 경전 한 구절

바람이 친 목탁의 빛으로
가지와 가지가 합장을 하면
참선으로 가는 길인 듯
가부좌로 앉은 노스님의 정강이뼈에서
사리 구르는 소리가 야단법석이다.

—「바람 목탁」 전문

성불사의 스님이 경을 읽자 그 소리를 박새가 물어다 느티나무에 얹는다. 바람은 산문을 밀고, 바람에 맞닿은 가지들은 서로 부딪쳐 목탁소리를 낸다. 딱따구리는 하안거 중인데 가끔씩 법문을 쪼아 산속 가득 법문이 넘치도록 한다. 바람은 불공을 드리며 경전 한 구절을 깎아서 군살 부픈 가지에 올린다. 바람이 치는 목탁소리에 합장을 하며 참선을 하던 노스님은 자신이 본래 가지고 있던 부처의 성품을 깨닫고, 자신의 본성을 간파한 노스님의 정강이뼈에서는 깨달은 자의 유골에서 나오는 사리가 형성된다.

이 시가 묘사하고 있는 수행의 정경을 산문으로 풀어본 것인데, 이와 같은 수행의 풍경은 곧 부처님의 깨달음에 이르는 길은 모든 삼라만상의 참여에 의해 가능하다는 것, 그리고 모든 삼라만상은 부처님의 깨달음을 향한 일념으로 각각 고유한 역할을 수행하고 있다는 것을 말해주고 있다. 바람과 나뭇가지, 새와 노스님은 목탁을 치며 경전을 읽고, 합장을 하며 참선에 드는 수행의 과정에 참여하여 이 세상에 불법이 실현되도록 한다. 부처님의 진리를 깨닫기 위한 이러한 수행의 과정이란 궁극적으로 진정한 자신의 본성을 깨닫는 과정이라고 할 수 있는데, 바람과 나뭇가지, 새와 노승 등이 각각 자신의 역할을 수행하고 있다는 점에서 그들은 부처님의 진리 안에서 각각 자신의 자리를 발견하고 있다고 할 수 있다. 구도九道란 곧 삼라만상이 참여하는 우주적 사건으로서 모든 존재자들이 깨달음을 위해 자신의 역할을 담당할 때 이루어지는 극적 사건임을 이 시는 말해주고 있다. 그렇다면 구도의 결과로서 깨달음의 내용이란 무엇일까?

수덕사 입구 간선도로변
간이주차장에서 비를 맞다가
작동이 멈춘 와이퍼가 양보한
앞 유리창에 사리처럼 촘촘히 붙어있는
물방울그림자를 물끄러미 쳐다본다
언뜻, 도롯가에서 움찔거리는
작은 움직임이 동공으로 들어와
물방울 속으로 느릿느릿 기어가는
개, 구, 리, 한 마리
이쪽의 밭에서 건너편 논으로
만행을 나가려는지

더딘 오체투지가 불안, 불안하다
간선도로를 달리는 차량들이
찰나의 속도로 불경을 뿌리고
휑하니 달아나는 진세의 끝없는 행각
걸음을 옮길 때마다 생명선 같은
노랑 중앙선이 닿을 수 없는 산문山門처럼
삐걱거리며 느슨해 보인다
파란색 트럭이 아, 하는 사이에
찰나를 지우고 사라지자 흰색 승용차가
거듭 한 찰나를 덮치며 사라진다
한 업이 찰나 속으로 무량하게
사라져 버린 수덕사 앞 간선도로.

—「한 찰나」 전문

이 시를 보면 구도求道의 결과로서 부처님의 진리에 도달하여 깨달은 내용은 곧 찰나 속에 삶과 죽음이 담겨 있다는 것이다. 불교의 한 경전인 유마경에는 "수미산이 겨자씨 속에 들어가고, 모든 바닷물이 하나의 털구멍 속에 들어간다"는 구절이 있는데, 극히 작은 물질 속에 지극히 커다란 세계가 담겨 있을 수 있음을 의미한다. 이와 같은 맥락에서 이 시는 극히 짧은 시간이라는 찰나 속에 삶과 죽음이 모두 포함될 수 있음을 토로하고 있는 것이다. 그러니까 삶과 죽음이란 속인들이 생각하는 것처럼 절대적 경계선으로 분리되어 있는 것도 아니며, 찰나의 한 순간에 모두 담길 수 있다는 것, 그리고 삶과 죽음이란 찰나에 지나지 않는 것으로서 영겁의 시간이라는 층위에서 보면 물거품과 같은 것에 불과하다는 메시지를 함축하고 있는 것이다.

이 시의 시적 구도 또한 권혁재 시인의 구도求道의 시가 지닌 시적 맥락을 그대로 보여주고 있다. 삶이란 하나의 고행에 불과하다는 생각을 "만행"이라든지 "오체투지"라는 시어들이 표상해주고 있다. 그리고 "간선도로를 달리는 차량들이/ 찰나의 속도로 불경을 뿌리고"라는 대목은 바람과 나뭇가지들이 참여하던 수행의 과정에 문명의 이기인 자동차까지 끼어들게 되었음을 말해준다. 하지만 이 시에서 가장 중요한 대목은 오체투지로 만행을 하던 개구리가 삶과 죽음의 경계선인 생명선을 찰나의 시간으로 넘나들고 있다는 사실이다. 노랑 중앙선이 바로 이승과 저승을 횡단하는 경계선이라고 할 수 있는데, 수행중이던 개구리는 트럭과 승용차들에 의해서 찰나의 순간에 그 경계선을 넘나들게 되는 것이다. 개구리도 생명이라는 점에서 하나의 업이라고 할 수 있을 터인데, 그 업은 순식간에 이승에서 저승으로 경계를 넘어버린다. 결국 찰나라는 짧은 순간에 이승과 저승이 중첩되고, 삶과 죽음이 포괄되는 셈인데, 이러한 찰나의 순간이 삶과 죽음을 담아내는 그릇인 셈이다.

찰나 속에 우주가 있고, 삶과 죽음이 있으며, 진리가 있다는 시적 표현은 다양한 시를 통해 변주된다. 「은적암」에서는 "번뇌를 끊고 해탈을 쌓는 손들이/ 찰나로 왔다 찰나로 사라지는/ 한 생애가, 풍경소리로 아득한/ 은적암"이라고 표현되면서 삶과 죽음의 찰나적 성격이 다시 한 번 강조된다. 「해월에 지다」라는 시에서는 "불온한 사랑을 등진 한 찰나가/ 해월로 진다/ 해월에 해인 같은 한 업을 새겨 놓고/ 묵언으로 진다"고 하면서 소멸과 영원이 찰나에 공존하고 있음을 암시하고 있다. 또한 「바람의 사원」에서는 "경전이 닳도록 바람이 읊는/ 망자의 짧고도 긴 연혁/ 바람이 번져가는 사원의 도량만큼/ 하늘 모서리에서 환생의 문을 여는/ 바람의 사원"이라는 표현을 통해 한 생명의 찰나적 속성과 그 속에서 이루어지는 환생을 통해서 삶과 죽음을 포괄하는 찰나적 속성을 함축하고 있다. 결국 권혁재 시인에게 구도求道의 과정이란 삼라만상이 참여하는 우주적 사건이며, 그것의 귀결점은 삶과 죽음의 찰나적 속성에 도달하는 것임을 알 수 있다.

4. 사랑, 차안과 피안을 잇는 영원

사랑은 권혁재 시인의 시편들을 관통하는 가장 중요한 고리로서 모든 시적 사유가 시작되고 귀결되는 점이라고 할 수 있다. 권혁재 시인이 현실의 부조리와 왜곡을 강도 높게 비판하거나, 에로티즘을 통해서 타자와 공감을 시도할 때, 그리고 전우주적 참여에 의해서 겨우 열리는 구도求道의 문을 두드릴 때, 그러한 시도의 배경에는 사랑에 대한 관심과 그것을 실현하고자 하는 열망이 깔려 있다. 종교적 성찰의 시가 그러했던 것처럼 사랑에 대한 시편 또한 단순한 현실을 넘어서 순간과 영원, 이승과 저승을 넘나든다는 점에서 현실 이면의 현실에 대한 탐구라고 할 수 있으며, 현실적 삶의 확장과 연관되어 있다는 점에서 주목된다.

단 한 번의 울음으로
당신 심장을 멎게 할 것 같아
횃대에 오르지 않는 닭
바람이 든 나무의 기억 때문에

펴지지 않는 날개가
자꾸만 푸드득 거린다
독수리처럼 회를 치고 싶은 본능이
하늘을 향할 때마다
울 수 없는 언어들이 목젖에 잠긴다
죽도록 날아가는 빈 날갯짓
당신에게 가는 길이 있다면
부리에 피가 나도록 싸우는
눈이 먼 투계가 되어도 좋아
몸 속 가득 당신이라는 호칭을
결결이 쌓아 놓은 채
울지 않고도 부르는 닭
바람에 흔들린 나무의 문장이
영겁으로 대답하는 사랑인 듯
붉은 동공을 빠져나간다.

—「목계木鷄」 전문

목계木鷄란 『장자莊子』의 「달생편達生篇」의 투계 우화에서 유래된 용어로 나무로 만든 닭처럼 상대가 아무리 도발해도 평정심을 유지하며 진정한 힘을 발휘하는 단계를 말한다. 즉 목계란 싸움닭 중에서 교만함과 조급함, 성냄의 눈빛을 극복하고 어떠한 도발에도 평점심을 잃지 않고 대응하는 닭으로서 마치 나무로 조각한 듯한 닭이 된 투계를 말한다. 목계는 주변의 상황을 장악하여 어떠한 변화에도 흔들리지 않기에 그의 눈만 보면 모든 닭이 도망치듯 달아나게 하는 투계로서 절대적 평정의 상태에 도달한 경지를 상징한다. 시인은 이러한 목계를 빌어

절대적 사랑의 경지를 노래하고 있다.

서정적 자아의 분신인 목계는 "당신에게 가는 길"을 찾는 투계라고 할 수 있는데, 앞서 말한 목계의 경지에 도달해 있다. 그리하여 그것은 "단 한 번의 울음으로"도 "당신의 심장을 멎게 할" 수 있을 경지에 도달해 있지만, "죽도록 날아가는 빈 날개짓"으로 그대에게 가는 길을 자신의 내면에서 발견하고자 한다. 사랑은 상대방의 태도와 상황에 달려 있는 것이 아니라 주체의 내면에서 생성되는 에너지에 달려 있는 셈이다. 그리하여 그는 "몸 속 가득 당신이라는 호칭을/ 결결이 쌓아 놓은 채/ 울지 않고도 부르는 닭"의 경지에 이른다. 당신을 향한 사랑이 시적 자아의 내면의 결들을 만들고, 그러한 결들로 인해서 시적 자아는 자신의 내면에서 사랑하는 당신을 온전히 받아들였기에 외부에서 사랑의 대상을 찾지 않아도 되는 경지에 이른 것이다.

이러한 사랑의 경지는 주체와 객체의 구분이 사라지게 한다. 그대가 내 안에 있고, 내가 그대 안에 있기에 나와 그대의 경계와 분별이 사라지고 마는 것이다. 시의 마지막 부분에서 시적 자아는 목계의 "붉은 동공"을 "영겁으로 대답하는 사랑"이라고 묘사하고 있는데, 이러한 표현은 유한한 시간의 한계를 초월한 사랑의 모습, 천지가 한 번 개벽한 뒤부터 다음 개벽할 때까지의 시간이라는 겁의 무한 속에 스민 사랑의 모습을 보여준다. 그 영겁의 시간 속에서 무한히 응답하는 사랑의 모습을 아름답게 형상화하고 있는 것이다. 이러한 사랑의 모습은 주체와 객체의 경계와 구분을 무화하고, 순간과 영원이라는 시간의 경계 또한 벗어나 있다는 점에서 시인이 진실로 추구하고자 했던 타자와의 소통과 교감, 그리고 찰나와 영원의 경계를 무너뜨리고자 했던 구도求道의 의지가 실현된 순간을 보여준다. 사랑이야말로 에로티즘과 구도의 수행을 통해 도달하고자 했던 타자와의 교감, 그리고 차안과 피안의 구분이 무너진 영원의 순간에 도달하게 하는 심급인 셈이다.

이 시집에는 이와 같은 아름다운 사랑의 시편들이 곳곳에 바둑알처럼 박혀 있다. 「붉은 주름」에는 매운 맛을 잃어버리고 희나리로 변해가는 고추와 늙으신 어머니의 사랑을 그리고 있는데, 갈래갈래 접혀 있는 고추의 잔주름과 "고추를 더 검붉게 어루만지는/ 어머니의 주름 가득한 손"이 중첩되면서 시간에 의해 파괴되어 가는 존재자들의 교감과 공감의 순간이 아름답게 펼쳐지고 있다. 또한 「산골散骨 2」에서는 돌아가신 아버지에 대한 그리움과 사랑을 노래하고 있는데, "천 근 같은 시간 사이로/ 희뿌옇게 불어대는 골바람/ 훌쩍이며 국을 한술 뜬다/ 간이 잘 맞는 아버지/ 아버지를 맛있게 먹는다"라고 표현하면서 사랑이야말로 이승과 저승 사이를 넘나들며 차안과 피안을 잇는 고리라는 사유에 도달하고 있다. "천근 같은 시간 사이로/ 희뿌옇게 불어대는 골바람"은 돌아가신 아버지가 계신 산등성이와 자식들이 국밥을 먹고 있는 계곡을 연결하고 있다는 점에서 이승과 저승을 넘나드는 바람이라고 할 수 있으며, 아버지를 먹는 시적 자아의 모습은 이승과 저승이 둘이 아니라 하나라는 깨달음을 체현하고 있는 사랑의 실체를 보여준다.

결국 우리는 지금까지 권혁재 시인의 귀결점인 영원과 불이不二의 속성을 지닌 사랑에 이르는 길을 밟아온 셈이다. 시인이 새로운 시란 포스트모던적 주체와 환상의 주체를 벗어나고 강의실을 벗어난 현실에 서 있어야 한다는 생각의 이면에는 이러한 사랑이 자리잡고 있었다. 그리고 꽃과 자연물들을 통해서 에로티즘의 향연을 펼칠 때도 그 이면에는 타자와 교감과 공감을 지향하는 사랑의 열망이 숨어 있었다. 불교적 사유를 통해 세상의 진리를 더듬을 때도 결국 궁극적으로 시인의 마음 속에는 진정한 사랑을 향한 갈망이 들끓고 있었다. 그리고 권혁재 시인이 이러한 시적 구도求道의 작업을 통해서 도달한 사랑의 모습은 자아와 타자의 무화로서의 사랑, 그리고 순간과 영원, 차안과 피안을 잇는 고리로서의 사랑이라고 할 수 있다.

권혁재

권혁재 시인은 경기도 평택에서 태어났고, 2004년 《서울신문》 신춘문예로 등단했다. 시집으로는『투명 인간』,『잠의 나이테』,『아침이 오기 전에』,『귀족노동자』가 있고, 2009년 '단국대학교문학상'을 수상한 바가 있다. 권혁재 시인의 다섯 번째 시집인 『고흐의 사람들』은 사랑을 통하여 타자와의 소통과 교감, 그리고 찰나와 영원의 경계를 무너뜨리고자 했던 구도의 의지가 실현된 순간을 보여준다.

이메일 : doctor-khj@hanmail.net

권혁재 시집

고흐의 사람들

발 행 2016년 3월 15일
지은이 권혁재
펴낸이 반송림
편집디자인 김지호
펴낸곳 도서출판 지혜
계간시전문지 애지
기획위원 반경환 이형권 황정산
주 소 34624 대전광역시 동구 선화로 203-1 2층 도서출판 지혜 (삼성동)
전 화 042-625-1140
팩 스 042-627-1140
전자우편 ejisarang@hanmail.net
애지카페 cafe.daum.net/ejiliterature

ISBN : 979-11-5728-174-9 03810
값 9,000원